Literaturlandschaften

W0072645

Karl Koch, Jg. 1951, Studium der Wirtschaftswissenschaften und der Evangelischen Theologie. Bevorzugte Veröffentlichungsbereiche: Goethe, Calvinismus, Literaturtopographie.

KARL KOCH

„Wie im Morgenglanze"

Weimarer Morgenspaziergänge

Literarische, musikalische und theologische
Spaziergänge durch Weimar

Literaturlandschaften Taschenbuch

Literaturlandschaften-Taschenbuch
„Wie im Morgenglanze"
Weimarer Morgenspaziergänge

Erste Auflage 2009
© Verlag Deutsche Literaturlandschaften e.K., Nordhorn
www.literaturlandschaften.de

Umschlag und Gestaltung:
Bartsch & Frauenheim GmbH, Nordhorn

Titelmotiv: „Und ich geh meinen alten Gang" (Goethe)
Weimarer Seifengasse vom Goethehaus in Richtung Park
Foto: Deutsche Literaturlandschaften

Druck und Bindung: GGP Media GmbH, Pößneck
Printed in Germany

ISBN 978-3-926304-11-7

INHALT

Wie im Morgenglanze

Du rings mich anglühst,

Frühling, Geliebter!

Mit tausendfacher Liebeswonne

Sich an mein Herz drängt

Deiner ewigen Wärme

Heilig Gefühl,

Unendliche Schöne!

GOETHE, GANYMED

VORWORT

In Sekundenschnelle hat der Wolkenbruch Weimars Flaniermeile so leergefegt, dass die in der Nässe elegant aufschimmernde frühere Esplanade wie eine riesige freie Tanzfläche vor uns liegt. Die Geschäfte links und rechts haben geschlossen, ein Lokal ist nicht in Sicht. Uns bleibt lediglich der schmale Dachüberstand eines Kaufhauses, der allerdings nur spärlichen Schutz vor den Wassermassen bietet.

„Hoffentlich ist hier nicht Goethes ‚Zauberlehrling' am Werk!", brüllt mein Begleiter Ulli durch den prasselnden Niederschlag. „,Walle! walle manche Strecke, daß, zum Zwecke, Wasser fließe und mit reichem vollem Schwalle zu dem Bade sich ergieße!' Fünftes oder sechstes Schuljahr. War so leicht auswendig zu lernen."

Er scheint es wirklich zu sein. Und mit reichem vollem Schwalle schüttet er von der Dachtraufe immer wütender Kübel um Kübel in unsere Richtung. Dabei haben wir nicht einmal ein Quartier in Weimar und werden in den durchnässten Klamotten nach Saalfeld zurückmüssen, wo wir in der Jugendherberge wohnen.

Übermütig zitieren wir in unserer aussichtslosen Lage besonders markante Zeilen der Ballade. „O, du Ausgeburt der Hölle! Soll das ganze Haus ersaufen?", schreien wir fast gleichzeitig, während das Ungeheuer uns einen neuen Wasserschwall schickt.

Auf der anderen Seite, bei der Biegung der Straße, meinen wir in dem gelben Gebäude mit den auffallenden Fensterläden das Schillerhaus zu erkennen. So jedenfalls sieht es in unserem Weimar-Führer aus dem VEB-Brockhaus Verlag aus. An der offiziellen Stadtführung haben wir noch nicht teilgenommen. Wir sind erst seit einer halben Stunde in der Stadt.

„Habt ihr auch ‚Die Bürgschaft' auswendig gelernt?", frage ich. „‚Und wachsend erneut sich des Stromes Wut, / Und Welle auf Welle zerrinnet.' Erinnerst du dich? Ist von ihm da drüben, wenn es das Schillerhaus ist."

„Die scheinen hier in Weimar auf Wasserkatastrophen spezialisiert zu sein!", ruft mein Begleiter. „Ich weiß nur noch, dass der Held da heil rausgekommen ist, weil der Tyrann am Schluss zu ihm sagt: ‚Ich sei, gewährt mir die Bitte, / in eurem Bunde der Dritte.' Ob wir heil rauskommen, ist noch die Frage. Ich wette, dass die hier im Sozialismus die Sintflut nicht unter Kontrolle kriegen!"

Dann geschieht das Wunder. Innerhalb weniger Minuten holt der alte Hexenmeister seinen wild gewordenen Lehrling über uns vom Dach. Der Alte hatte sich wohl tatsächlich, wie es in der Ballade heißt, nur kurz einmal wegbegeben. Und Thüringens Sonne setzt alles daran, den angerichteten Schaden an diesem Spätmaitag mit herrlichem Regiment selbst an Hemd und Hose wieder gutzumachen.

„Den Umschwung hätte der kapitalistische Westen auch nicht besser hinbekommen", scherzt Ulli, während er in der feuchten Packung nach einer Zigarette sucht, die trocken geblieben sein könnte. Der Wirtschaftswissenschaftler und Historiker liebt den Systemvergleich und lässt zumindest im Scherz keine

Gelegenheit aus, Ost gegen West und ebenso West gegen Ost auszuspielen.

Es ist meine erste körperliche Berührung mit der Stadt. Warum schlägt seitdem das Herz in Weimar anders als in Berlin, Paris, Prag oder Amsterdam? Kommt es daher, dass „man hier in einem Tage mehr sieht als anderswo in einem Monat", wie ein Großstadtmensch 1822 nach seiner Ankunft einem Verwandten in Genf schreibt? Mag sein, und es ist wohl noch immer so.

In Wirklichkeit aber ist es vor allem eine winzige Liebe, die die Neigung speist. Es sind ja immer Winzigkeiten, auf denen unsere großen Liebschaften ruhn.

Goethe selbst hat sich in dieser Hinsicht einmal erstaunlich entblößt. Als die deutsch-französische Kulturbotschafterin Madame de Staël mit Blick auf seinen „Wilhelm Meister" geäußert hatte, in dem umfangreichen Werk scheine ihr die schemenhafte Gestalt der Mignon misslungen, begegnete der Verfasser dieser Kritik mit der wunderbaren Bemerkung, der kleinen nebensächlichen Romangestalt wegen aber habe er das ganze Buch geschrieben.

Das Geständnis überrascht nicht. Alle Geschöpfe der Kunst und Literatur verdanken ihre Entstehung in der Regel einem verborgenen beflügelnden Antrieb, der jedoch im Werk lediglich im vermeintlich unscheinbaren Detail oder in einer auf den ersten Blick völlig nebensächlichen Figur Gestalt annehmen kann.

Auch dieses Buch verdankt seine Geburt einem solchen Funken Liebe. Er liefert die Leidenschaft, die es auf allen Seiten antreibt. Dem wissenden, wohlwollenden Leser (also jenem, der sich nach wenigen Seiten mit dem Autor verbündet) mag er sich in ungewöhnlichem Augenblick offenbaren, so dass er dem Autor auf die Spur kommt. (Ich war achtundvierzig, als ich bei erneuter Lektüre von Thomas Manns „Doktor Faustus" auf jene wenigen Sätze stieß, von denen ich sicher bin, dass der Autor ihretwegen das gewaltige Werk geschrieben hat.) Jedoch, groß ist die Täuschungslust, die das süße Geheimnis stets auch umgibt.

Kein Geheimnis aber mache ich daraus, dass mich Goethes Stadt trotz des Überfalls seines „Zauberlehrlings" unter den europäischen Schönen noch immer wie keine andere umgarnt.

Sie tut es während einer Vorstellung im Nationaltheater wie beim Gang über die vertrauten Wege. Sie lauert mir auf nach dem mit immer neuer Genugtuung wiederholten Besuch ihrer Stätten, in denen der Weltgeist sich niederließ. Und im Oktoberlicht des Herdergartens hinter der Stadtkirche lockt sie ebenso wie im selten gewordenen Schneetreiben in der Belvederer Allee.

Nirgendwo anders als in Weimar lässt sich in dieser Fülle noch heute auf Schritt und Tritt spüren, „wie Menschen, Bücher, Landschaften, Zeiten" einen heimlichen Bund eingehen und „zu Geist und Seele" werden.

Nichts aber geht über die stumme Seligkeit des Augenblicks, wenn der junge Tag in der Unschuld des Sommermorgens „mit tausendfacher Liebeswonne" vor Goethes Gartenhaus Park und Ilm zu umarmen versucht. Oft genug habe ich dabei auf der letzten

Bank am Weg von der Naturbrücke zum Haus die eigenartige Verliebtheit der himmlischen Mächte in die irdischen Verhältnisse beobachtet.

Einstein hat nicht Recht mit seiner Vermutung, dass die Atome und damit die Natur zielen. Sie spielen, wie alles Leben spielt.

Aber nie verbündet sich die große Spielerin so sehr mit dem Menschen wie bei der Geburt des Tages. Wer sie dabei belauscht, hat die Möglichkeit einer Stippvisite im verlorenen Paradies. Und ihn erreicht eine merkwürdig schöne Botschaft. Sie sei wahr oder Gespinst, Traum oder Unverschämtheit; aber ganz entziehen kann er sich ihr nicht: Alles ist in Ordnung, niemand muss sich Sorgen machen um sich oder um die Welt. Es kommt alles ins Reine. Der Mensch, die Fliege, Rose und Andromedanebel werden geborgen sein, lautet sie. Eigentlich soll es niemand zu Lebzeiten erfahren. Aber die Morgenröte kann es nicht für sich behalten. Sie verrät alles. Sie ist die Schwachstelle der Schöpfung, die sich doch sonst so gern mit unerbittlich erhabener und beleidigender Gleichgültigkeit tarnt.

Dass diese Streifzüge durch Weimar den Untertitel „Morgenspaziergänge" tragen, hat noch einen weiteren Grund. Bertolt Brecht hat ihn mir aufgezwungen. In der kleinen Erzählung „Die unwürdige Greisin" berichtet er über die letzten Lebensjahre seiner Großmutter: „So konnte sie im Sommer früh um drei Uhr aufstehen und durch die leeren Straßen des Städtchens spazieren, das sie so für sich ganz allein hatte."

Beim ersten Lesen in jenen guten Jahren, in denen man die Nacht liebt, ohne den Tag zu fürchten, nahm ich mir vor, es im Alter genauso zu machen. Aber schon bald schien mir die Zeit des Wartens zu lang. Eigentlich eher Nachtmensch, Durchzecher, Langschläfer, begann ich den Morgen zu entdecken und mich gelegentlich mit Brechts Großmutter zu treffen, wenn auch erst um fünf, statt um drei Uhr früh.

Unter den Gleichgesinnten traf ich um diese Zeit stets Goethe, dessen halbfertige Seiten im Arbeitszimmer neben dem Bett noch vor Sonnenaufgang darum bemüht waren, ihn „allnächtlich von den Toten loszubitten", wie Walter Benjamin gesagt hat. Ich traf den Husumer Schimmelreiter Theodor Storm, „nur die besten Morgenstunden daranwendend". Und selbst der über Tag oft missgestimmte Herder, den die Bückeburger (wo er vor Weimar amtierte) nach eigenem Zeugnis „für einen großen Gelehrten" hielten, weil er sich „morgens 4. Uhr in den Wäldern umhertreibe", begegnete mir. Ganz zu schweigen von dem tagsüber oft noch mehr als Herder ergrimmten Arno Schmidt aus der Lüneburger Heide, der sich zu dieser Stunde gut gelaunt mit einem heiteren „I Tagwerk noch vor'm Frühstück" anschloss.

Nur einen traf ich nie: Schiller! Der Nachtarbeiter ist froh, am Vormittag ein paar Stunden Schlaf zu finden. Der Umtriebigkeit der Morgenmenschen hat er sich stets entzogen. Es gelang ihm sogar, jenen wohlmeinenden Aktivisten zu entkommen, die ihn vor zweihundert Jahren aus dem sanften Todesschlummer im Kassengewölbe des Jakobskirchhofs in die unruhige Weltöffentlichkeit der Weimarer Fürstengruft zerren wollten. So geschickt hatte er sich in dem düsteren Gewölbe zurückgezogen, dass die

Menschheit erst jetzt, zum 250. Geburtstag, durch eine DNA-Analyse das Geheimnis um seine Gebeine lüften konnte: der Sarg in der Fürstengruft neben Goethes Sarg ist nicht sein Sarg, auch wenn er den Namen Schiller trägt.

Zugegeben, die beiden Jahrhunderte „mit Schiller" in der Fürstengruft waren schön. Was mich bei der großen Ernüchterung dennoch packt und freut: Hat der unabhängige Geist sich also keineswegs durch seine Nachsteller bezwingen lassen, sondern in der Stille des Kassengewölbes sowohl den freundlichen Vereinnahmungsschwindel des Hauses Sachsen-Weimar-Eisenach (einschließlich aller späteren staatlichen Vereinnahmer) sowie das Herumfuchteln und -tanzen ganzer Generationen um sein vermeintliches Haupt spöttisch aus der Distanz beobachtet.

Der Wettstreit unter den Toten sei größer als der Wettstreit unter den Lebenden, behauptet der portugiesische Klassiker Fernando Pessoa in einem düsteren Wort. Der kluge Wilhelm Tell-Autor scheint sich ihm souverän entzogen zu haben, diesem „Wettstreit unter den Toten". Künftig tiefe Verbeugung am Kassengewölbe auf dem Jakobskirchhof notwendig!

Wer zum ersten Mal mit meinen Spaziergängen unterwegs ist, sei vorsorglich darauf hingewiesen, dass auch für diese Morgenspaziergänge Henry Fieldings herrliche Warnung gilt, die er in seinem unsterblichen „Tom Jones" ausspricht und die ich mit allem Vergnügen bereits meinem Buch „Ach Weimar, geliebtes Weimar" vorangestellt habe, nämlich: „... so oft abzuschweifen, als sich dazu Gelegenheit bietet."

Wenn Sie wollen, liebe Leserin, lieber Leser, schließen Sie sich uns dabei in der Frühe an. Oder kommen Sie später mit Schiller nach. Wir werden uns schon erkennen.

Nordhorn, zum 10. November 2009, dem 250. Geburtstag Friedrich Schillers, der dem zehn Jahre älteren und unsicher gewordenen Werther-Autor nach dessen eigenem Zeugnis „eine zweite Jugend verschaffte und ihn wieder zum Dichter machte".

„Menschliches Wesen, was ist's gewesen?"

Unter dem warmen Zudeck des Antichristen in der Humboldtstraße 36

Wieder einmal haben mir Goethe-Gesellschaft und Klassik Stiftung einige Tage im Haus des Übermenschen ermöglicht. Seit dem vorletzten Jahrhundert behüten die Weimarer Einrichtungen die hinterlassenen Schätze der großen Repräsentanten der Stadt und reichen sie an die nächste Generation weiter. Auch Nietzsche gehört dazu. Sein Nachlass wird vom Goethe- und Schiller-Archiv betreut, und sein letzter Wohnort, die von Stararchitekt Henry van de Velde umgebaute Villa „Silberblick" in der Humboldtstraße 36, ist heute Museum und Gästehaus unter dem Dach der Klassik Stiftung.

Die lange historische und gegenwärtige Mitgliederliste der Goethe-Gesellschaft kommt einem beeindruckenden internationalen Heiligenkalender gleich. Seine Kaiserliche und Königliche Apostolische Majestät der Kaiser von Österreich und König von Ungarn findet sich ebenso darin wie Gerhart Hauptmann, Max Planck oder meine Freundin Klärchen, Altenpflegerin im Nachtdienst, die schnell für ein paar Tage nach Weimar und zu Goethe flieht, wenn ihr die Metamorphose des Leidens, das sich so gern am wehrlosen Lebensende austobt, zu nahe kommt.

Noch im Juni 2007 nannte der Chemiker und Nobelpreisträger Manfred Eigen bei der Verleihung der höchsten Auszeichnung der Gesellschaft im Weimarer Nationaltheater die Zuerkennung dieser Würde wegen seiner „Wahlverwandtschaft zu Goethe" die schönste Auszeichnung seines Forscherlebens. Er wird zugunsten der Stunde ein wenig übertrieben haben. Goethe-Medaille gegen Nobelpreis?

Nach der Wiedereröffnung des Nietzsche-Hauses im Mai 1990 war ich einer der ersten Gäste der bis dahin von kommunistischem Tabu verschlossenen Villa. „Eine Riesenkloake" hatte der ideologische Vordenker der DDR, Wolfgang Harich, Nietzsches Nachlass genannt. Forscher und Nietzscheaner aus der ganzen Welt ließen sich davon allerdings nicht beeindrucken. Nach wie vor schwebt ein nicht endendes Faszinosum über dem Werk und der Lebenstragödie des vielleicht interessantesten Kranken, den unsere Kulturgeschichte kennt.

Es ist spät geworden mit der Anreise. Den Schlüssel für mein Zimmer in der Nietzsche-Villa muss ich unten in der Stadt bei der Nachtwache des Schlosses abholen. Von dort geht es erst einmal zum Frauenplan. Die Ankunft an der Ilm will genossen sein. Zudem, es stimmt noch immer: Zu Nietzsche muss man in Weimar hinaufsteigen, die anderen wohnen unten.

Selbst um diese späte Uhrzeit sind die Außentische der Lokale vor dem Goethehaus restlos besetzt. Ich finde einen freien Stuhl inmitten einer bewegten Fußballdiskussion. Ein Bundesligaspiel mit einem umstrittenen Tor erregt die Gemüter. Zwanzig Meter vom Goethehaus entfernt, mir ein lästiger Unterhaltungsgegenstand.

Aber der Platz ist wertvoll. Außerdem ist nichts einfacher, als ein fachmännischer Austausch über ein Spiel, das man gar nicht gesehen hat. Man benötigt ein paar Sprachhülsen wie „Verdammt Glück gehabt" oder „Interessanter Schiedsrichter", und schon ist man ein qualifizierter Gesprächspartner und kann an jeder beliebigen Stelle einsteigen. Mir scheint manchmal, dass auch Profis es bei öffentlichen Auftritten ähnlich halten.

Während ich ein bayerisches oder hamburgisches Tor kommentiere, sind meine Gedanken nebenan im Goethehaus. Das vertraute, „dem ansteigenden Platz" mit seiner „gebrochenen Baulinie" folgende Gebäude scheint das nächtliche Treiben vor den beiden Torbogen zu genießen. Franz Kafka könnte jeden Moment um die Ecke kommen. So wie am Abend des 29. Juni 1912 bei seinem ersten Gang durch die Stadt. „Sofortiges Erkennen. Gelbbraune Farbe des Ganzen", notierte er. Und der introvertierte junge Mann schafft es sogar, an die Tochter des Hausmeisters ranzukommen und mit ihr im Garten des Goethehauses ein Foto für die Ewigkeit zu machen. Das hat mir immer imponiert.

Oben in der Mansarde ist ein Fenster beleuchtet. Die Zimmer von August und Ottilie von Goethe stehen heute Stipendiaten zur Verfügung.

Es muss herrlich sein, im Senegal oder in Tschetschenien über Faust zu promovieren und die Möglichkeit zu bekommen, auf Kosten der Goethe-Gesellschaft einige Monate in Weimar arbeiten zu können und dabei in dem Haus untergebracht zu werden, in dem das Werk entstanden ist. Werner Keller, Kölner Professor und Präsident der Goethe-Gesellschaft nach der Wende, hat mit einem so geschickt wie mühsam forcierten Stipendiatenprogramm Studenten aus aller Welt an die Ilm geholt und auf diese Weise einen außenpolitischen Beitrag eingefädelt, der allen amtlichen Bemühungen um das Bild Deutschlands in der Welt wenig nachsteht. Auch so verhindert man Weltkriege.

Was mag den Stipendiaten dort oben gerade beschäftigen? Vielleicht Goethes forsche Philine aus dem „Wilhelm Meister" mit ihrem herrlichen Satz „Was geht es dich an, wenn ich dich liebe?" oder das Problem der letzten Zeilen von „Willkommen und Abschied", in denen es noch im Erstdruck 1775 heißt: „Du gingst, ich stund, und sah zur Erden", später jedoch: „Ich ging, du standst und sahst zur Erden?" Es wird auf jeden Fall etwas Großes und Schönes sein, erhabener als meine Bundesligatore.

Leider habe ich keine Chance, jemals in der Mansarde des Goethehauses unterzukommen. Aber ich darf bei Nietzsche wohnen, der mit Blick auf die Wohnräume nebenan gesagt hat, für eine Stunde von Eckermanns Gesprächen mit Goethe würde er ganze Wagenladungen von Biografien geben.

Eifersüchtig proste ich mit dem letzten Schluck

dem „Unbekannten tschetschenischen Doktoranden" hinter seinem Fenster zu. Ein zweites Prost gilt seinem ihm vermutlich unbekannten Wegbereiter Werner Keller.

„Beim Rückspiel werden sich die Bayern wundern", versichere ich meinen Fußballkollegen, während die Bedienung kassiert. Zwei große Biere sind trotz der verführerischen Sommernacht genug. Ich will dem schlechten Beispiel meines Gastgebers Friedrich Nietzsche nicht folgen. Er ruinierte seine Privilegien als Primus in Schulpforta bei der Lehrerschaft dadurch, dass er nach dem Genuss von vier Seideln Bier im Kösener Bahnhofslokal sturzbetrunken ins Internat kam.

„Wo willst du denn mit deinem Koffer um diese Zeit noch hin?", fragt mein Stuhlnachbar.

„Humboldtstraße 36, Elisabeth Förster-Nietzsche, da hab ich ein Zimmer reserviert", antworte ich.

„Zu Nietzsche? Der ist doch tot, oder?" Er sieht ungläubig in die Runde.

„Natürlich ist der tot", bestätigen andere. „Da brauchste gar nicht hingehen!", rät jemand, „das is'n Museum."

„Auf meinem Zettel steht aber schwarz auf weiß Humboldtstraße 36. Ich versuch's einfach mal. Vielleicht hab' ich Glück", sage ich und verschwinde durch die Tischlandschaft am Goethehaus vorbei in Richtung Steubenstraße.

Vermutlich wundern sie sich, wie ein Mensch, der so vernünftig über Fußball redet, so ungebildet sein kann und nichts von Nietzsche weiß. Bayern München und der HSV samt all ihren echten und unechten Problemen haben am Tisch jetzt wohl für einige Zeit mir gegenüber das Nachsehen.

Wie eine uneinnehmbare Trutzburg ragt das letzte Heim des Antichristen unter der Hausnummer 36 in die Dunkelheit. Von hier aus zog der Geistesritter Friedrich Nietzsche allerdings nicht mehr ins Land, um im Harnisch eines deutschen Don Quijote das bisschen bürgerliche Sicherheit zu bekämpfen, das die Welt einigermaßen zusammenhält. In dieser Wohnung hatte sie ihn schon wieder unter ihre Fittiche genommen, die bürgerliche Sicherheit, und zwar in der schlimmsten Form, die zu denken ist.

Hier, in seinem Weimarer Zimmer, war er wieder ganz still geworden. So wie wir alle still werden, wenn unser Auftritt im Theatrum mundi, dem Welttheater, schiefgegangen ist. Nur noch der stiere Blick war ihm vergönnt, den das schwesterlich inszenierte Irren-Heldenfoto im Krankenstuhl auf dem Balkon dokumentiert

Vorsichtig schließe ich Gartenpforte und Seitentür auf. Ich benötige kein Licht. Alles ist mir gleich wieder vertraut. An der Treppe zur ersten Etage, wo sich mein Zimmer befindet, stelle ich für einen Augenblick den Koffer ab. Der 4-Seidel-Trinker Friedrich wird Verständnis dafür haben, dass ich nach dem anstrengenden Gang vom Frauenplan auf den höchsten Punkt der Humboldtstraße kurz beiseite gehen muss, bevor ich sein Zimmer betrete.

Leider muss ich die Toilette mit Adolf Hitler teilen, der sich vor Jahrzehnten gern hier im Haus aufhielt, um ein paar Reste vom Übermenschenbüfett aufzupicken. Und die Pfarrerstochter Elisabeth Förster-Nietzsche, die es besser wissen konnte, garnierte die Häppchen beflissen mit eigener Würze und fälschte ihm sogar einen antisemitischen Philosophenbruder zurecht, den es so nie gab.

„Diese verfluchten Antisemiten-Fratzen", schreibt er 1887. Und zwei Jahre später, schon vom sich abzeichnenden Wahnsinn beeinflusst, heißt es in einem seiner letzten Briefe: „Ich lasse eben alle Antisemiten erschiessen." Eigentlich Alarmstufe Eins für Leibstandarte, Sicherheitsdienst und Gestapo. Diese jedoch, sicherheitsorientiert aber unbelesen, ahnten wohl nichts von der Gefahr, in der sie bei solchen Besuchen hier schwebten.

„Angenehm ist es mir freilich nicht, in der Gesellschaft zu sein", zitiere ich mir Frau von Steins spitzen Satz über den Umgang mit Christiane von Goethe, während ich die Türklinke herunterdrücke. Dass das Hygiene-Inventar einmal ausgetauscht worden wäre, ist unwahrscheinlich. Ich werde in dieselbe Schüssel pinkeln müssen wie der „Führer". Niemand kann sich seine historischen Klogefährten aussuchen. Weder auf der Bahnhofstoilette noch bei Friedrich Nietzsche. Was soll's? Ich bin in Weimar, und in wenigen Minuten liege ich „unter Fritzchens Zudeck", wie die kluge Journalistin von der Lokalzeitung das Gästebett im Nietzsche-Haus mir gegenüber einmal scherzhaft genannt hat.

Bahnhofstoilette? Mir kommt die furchtbare Reise von Basel nach Jena im Januar 1889 in den Sinn. Die Mutter, 63 Jahre alt und seit Jahrzehnten Witwe mit den beiden auch erwachsenen Sorgenkindern Friedrich und Elisabeth, will ihn abholen. Sie hat die weite Reise von Naumburg nach Basel gemacht, um ihren verwirrten „Herzensfritz" nach Hause zu bringen. Zwar hatte die stolze Universität Basel dem erst Sechsundzwanzigjährigen bereits eine Professur übertragen, aber er hält sich nur zehn Jahre im Amt. Man muss ihn vorzeitig pensionieren.

In den nächsten Jahren schreibt der Frührentner als freischaffender Philosoph seine literarischen Feuerwerke. Sie verpuffen zunächst zwar nur in engster Umgebung, aber zu Hause muss die Pastorenwitwe dennoch immer öfter den Kopf hinhalten für die „Gott-ist-tot"-Pamphlete ihres lieben Fritzchens. Die Verwandtschaft hebt längst die Zeigefinger. Mütterliche Erziehung ohne väterliche Strenge? Müssen Hochbegabung und Blitzkarriere da nicht ins Chaos führen?

Nun steht sie hilflos vor den Baseler Ärzten. Vertraute Umgebung, Spaziergänge, Mutters Küche und vor allem Erholung vom vielen Schreiben sollen ihren erschöpften Jungen retten. Sie muss doch am besten wissen, was für ihren Fritz gut ist. Einen „beschränkten Eindruck" attestiert ihr der Baseler Psychiatrie-Professor im Krankenjournal des Sohnes. (Wie anders könnte sie denn auftreten in ihrer Erniedrigung?)

Und sie will den Sohn mitnehmen, was die Klinik-Ärzteschaft für ausgeschlossen hält. Aber die beschränkte Mutter schafft es dann doch.

Diplomatisch schlägt sie die Überstellung in die Jenaer Klinik vor. Nach wenigen Tagen hat sie gewonnen.

Zwei Begleiter werden ihr mitgegeben auf die lange Reise, vor allem wegen der unberechenbaren Tobsuchtsanfälle des Patienten.

Sein Freund Fritz Overbeck schildert in einem Brief „den gräßlichen unvergeßlichen Moment, da ich Nietzsche gegen 9 Uhr über die grell beleuchtete Empfangshalle des Zentralbahnhofs, eng geführt von seinen beiden Begleitern, eiligen, aber doch schlotternden Ganges, in unnatürlich steifer Haltung, das Gesicht einer Maske gleich geworden ... in die bereit gehaltene Abteilung seines Waggons sich begeben sah".

Sie warnen die Mutter. Aber sie weigert sich, Angst vor ihm zu haben. Hat er sich nicht unbändig gefreut, als er sie sah?

Dann die Katastrophe. Auf dem Abort, wie die primitive Zugtoilette noch heißt, bekommt er einen Wutanfall gegen sie. (Dieses widerliche Naturgesetz, dass wir in unserer Not so oft am tiefsten beleidigen müssen, was wir am meisten lieben!)

Noch in der offenen Tür stehend, beschimpft er sie auf das gemeinste, „so daß ich mich ... gar nicht wieder in seine Nähe traute". Dies berichtet sie später Fritz Overbeck, dem allein sie sich in ihrer unsäglichen Not anvertrauen kann.

Sie muss die Reise in einem anderen Abteil fortsetzen. In Frankfurt, wo die kleine Gruppe umsteigt, wagt sie wieder, sich ihm kurz zu nähern, indem sie schnell „noch einmal seinen lieben Kopf am Kinn in beide Hände nahm und seine Stirn abküßte". Aber für den Rest der Reise muss sie ihn sicherheitshalber den beiden Männern überlassen, seine „Worte des

Widerwillens ..., deren Nachklänge schwer zu überwinden sein werden", als furchtbare Belastung für die kommende Zeit im Herzen.

Von Jena geht es später nach Naumburg. Die Pflege des kranken Sohnes wird zur Tages- und Nachtaufgabe, die alle Kräfte übersteigt. Verzweifelt glaubt sie daran, dass die Überanstrengung des Buch-um-Buch-Schreibens ihm das Hirn zermartert hat und dass eines Tages die Krankheit wie ein Gespenst weichen wird. Dem Heer an Besserwissern in Verwandtschaft und Umgebung gibt sie zu verstehen: „Ich kann dem lieben Kinde kein böses Wort sagen ..., denn er ist ein guter Mensch und nur krank." Aber es gilt trotzdem, das Unerträgliche zu ertragen. Zum Beispiel, dass er sich nächtelang im Bett laut mit sich selbst unterhält und, am schlimmsten, dabei ununterbrochen mit der rechten Hand die linke Brust reibt, bis er, schweißgebadet, nicht mehr kann.

Im April 1897 endet ihre tägliche Gebets-Zwiesprache mit dem Ehemann, der die Siebzehnjährige als Braut ins Röckener Pfarrhaus holte und sie nach kurzer Ehe mit den beiden Kindern nach furchtbarem eigenen Siechtum zurückließ.

„Gehirnerweichung" lautete damals die Diagnose bei ihrem Gatten, und sie schwebt in all den Jahren wie ein Damoklesschwert über der vaterlosen Familie und vor allem über dem Sohn, der mit vier Jahren den Verfall des Vaters miterleben musste. „Ich bin überhaupt oft des Lebens recht müde mein guter Sohn und sehne mich unaussprechlich nach meinen innig geliebten Mann ...", schreibt sie einmal ihrem Kind. Als sie am 20. April 1897 stirbt, sitzt ihr jetzt ebenfalls unheilbarer

Herzensfritz in diesem Zimmer in Weimar.

Ich habe wenig Respekt vor dem großen Philosophen, ohne den selbst in der deutschen Sprache so richtig nichts mehr geht. Nietzsche zu zitieren, gehört seit Generationen zum guten Ton. Ob es sich dabei allerdings um ein Deutsch handelt, „das niemandem zu Diensten steht und keiner Herrschaft Hure werden kann", mag bezweifelt werden. Lebt doch sein Werk bevorzugt von frappanten Sprach- und Deutungsblitzen, die wohlberechnet sind in ihrer systematischen Umkehrung des vermeintlich Allgemeingültigen und der vertrauten Werte.

Den intellektuellen Stammtischen bietet er damit eine Unterhaltung, die sie vorher nicht kannten. Zum Beispiel mit Weisheiten wie diesen: „Ist es nicht besser, in die Hände eines Mörders zu geraten, als in die Träume eines brünstigen Weibes?" oder „So wir nicht umkehren und werden wie die Kühe, so kommen wir nicht in das Himmelreich. Wir sollten ihnen nämlich Eins ablernen: das Wiederkäuen." Vielleicht mit Blick auf die eigene Familie: „Welches Kind hätte nicht Grund, über seine Eltern zu weinen?"

Irgendwann hat er um die Sicherheit dieses Erfolgs gewusst und nicht mehr anders denken und schreiben können. Alles Formulieren wird zur manischen Suche nach der Umkehrung, nach dem magischen Gegenteil. Auch die ihm im kleinsten Detail vertraute Bibel bietet unendliche Möglichkeiten solcher Umkehrungen. Und immer kitzeln sie den Leser, weil das Gegenteil verinnerlicht und damit oft unantastbar ist.

Viele seiner Phrasen sind nach den deutschen Katastrophen, in die er „tief verwickelt ist", kaum zu ertragen. Zum Beispiel das kruse Getöse vom Herren- und Übermenschen, von der blonden Bestie, das sich in den Händen der falschen Verwerter vom Wort- zum Mordinstrumentarium verwandelte. Wie eine Funkantenne meldet das von der Villa Silberblick sichtbare Buchenwald-Mahnmal auf dem Ettersberg noch heute Tag für Tag die Zahl der im Namen des „Herrenmenschen" zu Tode Gefolterten an die Humboldtstraße 36.

Und kann man seine Mitschuld am Leid der unzähligen jungen Männer des Ersten Weltkrieges ausschließen, die mit dem Heeres-Sonderbändchen seines „Zarathustra" im Tornister die feindlichen Maschinengewehrsalven überwinden wollten?

Was ist seine Anbetung des Genius' als eigentliches Ziel der Weltgeschichte wert? Was der spinnerte Mythenkult um Richard Wagner, den er zur „Weltseele" erhebt (bis er ihm in kleinlich-neidischem Zwist die Freundschaft aufkündigt)? Was die vermeintliche Umwertung aller Werte, was der wortspielerische, rücksichtslose Kampf gegen das Christentum?

All das hat mir nie imponiert. Noch immer finde ich ein schlichtes biblisches „Was ihr getan habt einem unter diesen meinen geringsten Brüdern, das habt ihr mir getan" allem Übermenschengebrabbel haushoch überlegen. Und ganze Wagenladungen von Nietzsche-Werken würde ich dafür hergeben. Nichts ist so erotisch wie menschliche Güte. Sie allein vermag Welten zu besiegen.

Arno Schmidt, der bei Nietzsche von einem „mittelmäßigen Geist" spricht, hält ihn für schuldig, den „Machtverhimmler", wie er ihn bezeichnet. Und er behauptet, dass die Nazis ihre zur Vernichtung notwendige Philosophie, ihre „Tricks", von ihm, Nietzsche, gelernt haben. An anderer Stelle erlaubt sich derselbe Arno Schmidt allerdings den Fingerzeig: „... ein Deutscher, der nie in seinem Leben ... Kommunist war oder Nietzsche=gläubig: an dem ist nicht viel verloren!"

Dennoch: Sein in gewisser Weise prächtiges Narrentum wird gebraucht. Haben seine Bücher nicht tatsächlich, wie Jacob Burckhardt vermutet, „die Unabhängigkeit in der Welt vermehrt", den menschlichen Gedankenflug in bis dato nicht erlaubte und erfahrene Höhen geführt?

Müssen nicht unruhige Geister zu allen Zeiten alles Vorhandene in Frage stellen, zerstören dürfen? Ist Kultur anders möglich?

So ist er, selbst zerstört, unter die Obhut von Mutter und Schwester geraten. Und Thomas Mann beschreibt die Tragik mit den Worten: „Schauerlich Rührenderes und Kläglichers ist nicht zu erdenken, als wenn ein von seinen Ursprüngen kühn und trotzig emanzipierter Geist, nachdem er einen schwindelnden Bogen über die Welt hin beschrieben, gebrochen ins Mütterliche zurückkehrt."

Wie schauerlich die Umstände wirklich sind, in die der trotzig emanzipierte Geist wieder eintauchen muss, lässt sich an dem erbitterten Kampf um Vormundschaft und literarische Rechte der Schwester Elisabeth mit der Mutter Franziska aufzeigen. Elisabeth, ein Familienluder, wie es in allen Sippen im Laufe von Jahrhunderten immer wieder einmal auftaucht, bringt die so wohlmeinend wie erfolgreich fürsorglich bemühte Mutter zur Verzweiflung. Die Schwester, die bereits auf ein peinlich verpfuschtes Leben zurückblickt, hat erkannt, was sich aus dem „Fall Friedrich Nietzsche" machen lässt. Mit derselben Energie, mit der sie später das Werk des Bruders verfälscht, bootet sie zunächst die Mutter aus, um den lebenden Leichnam nach ihren Vorstellungen gewinnbringend „vorzeigen" zu können. (Dass sie es – im Rahmen ihrer Absichten und Bedürfnisse – für den Bruder auch gut meint, steht außer Frage.)

Ab einem bestimmten Zeitpunkt jedoch kennt ihre buchstäbliche Vermarktung des Pflegefalls keine Grenzen mehr. Und die Mutter schreibt nach der testamentarischen Überrumpelung durch die Tochter verzweifelt an ihren Neffen Adalbert Oehler, dass bei dieser „die Verschiebung von Thatsachen ... zu einer Art Mannie" geworden sei.

Morgen werde ich meine Runde durch das Archiv unten machen und mich, wenn es keiner sieht, im van de Velde-Salon kurz auf die Couch setzen, auf der auch Thomas Mann schon saß. Im Schrank liegt die Totenmaske, die „echte", die sich von der zehn Jahre später von der Schwester zur „Überarbeitung" in Auftrag gegebenen verfälschten heroischen Totenmaske erheblich unterscheidet. (Welch eine Idee, selbst die Totenmaske fälschen zu lassen!) Der ursprüngliche Gesichtsabdruck zeigt deutlich den Kleinbürger, den angepassten Beamten; weich und ängstlich, „einer der rücksichtsvollsten und höflichsten Menschen", wie man ihn in Basel kannte und lobte.

Ich habe nichts gegen ihn, aber darf man so herumschreien in der Weltgeschichte, wie er es getan

hat? Vor allem dann, wenn man weiß, was damit an-
gerichtet werden kann, wenn es in falsche Ohren
gerät? Was hatte es für einen Grund, das Schreien?
War der Kampf gegen alles Menschliche, Bürgerliche,
Christliche letzten Endes nichts anderes als der Aus-
fluss eines tiefen Selbsthasses? Die Rache eines Ver-
zweifelten, der um jeden Preis gehört werden wollte
und der tatsächlich einen Weg fand, dass alle ihm
schließlich zuhören mussten? Besteht seine Leistung
darin, aus dem „Zufall Nietzsche" ein „Ereignis
Nietzsche" gemacht zu haben, wie der Philosoph
Peter Sloterdijk behauptet? Aber ist das wenig? Sind
wir nicht alle täglich mit dem gleichem Ansinnen
beschäftigt? Und wem gelingt es?

Als er hier oben im ersten Stock in dem Zimmer
sitzt, in dem ich mich jetzt für die wenigen restlichen
Stunden Nachtruhe fertig mache, hat er „die Neese
längst pleng!" So jedenfalls grient ihm Arno Schmidt
hinterher. Und in seinem riesigen Bart hängen überall
Essensreste, wenn er gefüttert worden ist.

Am 25. August 1900 bekommt der hungrige le-
bende Leichnam den Teller nicht mehr leer. Er stol-
pert den Legionen junger Männer voraus, die sein
hochfahrendes Wort „Der Krieg und der Muth haben
mehr grosse Dinge gethan, als die Nächstenliebe"
vierzehn Jahre später auf den Schlachtfeldern Europas ausprobieren wollen.

Von Vorausstolpern und Schützengraben kann natürlich keine Rede sein. Es stirbt sich ganz ruhig in
der Villa Silberblick. Ein letztes Kopfschütteln, ein
freiwilliges Augenschließen: „Menschliches Wesen, /
Was ist's gewesen? / In einer Stunde / geht es zu-

grunde, / sobald das Lüftlein des Todes drein bläst."
Er hat Paul Gerhardts siebte Strophe aus dem Lied
„Die güldne Sonne" oft genug in Schulpforta gesungen.

„Am gewaltigsten aber, am schönsten war er auf dem Todtenbette", verrät Ernst Horneffer, bis zum Bruch einer von Elisabeths wissenschaftlichen Mitverschwörern „im Fall Friedrich Nietzsche", der durchaus interessierten Öffentlichkeit. Diese versteckt sich in der noch unbebauten Umgebung der Villa sonntags in den Kornfeldern, um den „Wahnsinnigen" auf seinem Balkon einmal mit eigenen Augen zu sehen.

Die Leiche wird in seinen Geburtsort nach Röcken überführt. Er soll bei den Eltern liegen, die neben der Dorfkirche ruhen.

Man muss sich wundern, dass Weimar den Toten hat gehen lassen. Diese Adresse auf dem Historischen Friedhof! Eine zusätzliche Attraktion für die Stadt. Vielleicht holt man ihn eines Tages noch zurück.

Mir wär's recht. In Röcken habe ich schlechte Erfahrungen gemacht. Wir hatten die an diesem Tag fällige Sommerzeitumstellung nicht berücksichtigt und klingelten daher zu früh am Pfarrhaus, das die Schlüssel für das bescheidene Ausstellungsgebäude verwaltet. Statt des Schlüssels erwartete uns ein unhöfliches Abkanzeln, das sich gewaschen hatte. Wir trösteten uns damit, dass die Aufgabe an diesem Ort vermutlich auf Dauer verstimmt. Fortwährender Besuch von Anhängern des „Gott-ist-tot"-Philosophen bei einem Amtsträger im höheren Kirchendienst. Trotzdem: Unfreundlichkeit unterm geistlichen Rock ist immer ekelhaft. Selbst Albernheit, Pedanterie oder kalte Besserwisserei sollten in diesem Amt unbekannt sein. Die Gesellschaft lässt es sich eine Menge kosten, unter den vielen Normalitäten des Bösen und Gleichgültigen zu einem Berufsstand aufblicken zu können, der der „Sanftmut, herzlichen Verträglichkeit, dem Wohltum und der innigsten Ergebenheit in Gott" verpflichtet ist. Wer als Geistlicher hier schlampt, gleicht einem Maurer, der es ablehnt, mit Steinen zu arbeiten. Man muss ihn zur Rechenschaft ziehen.

Was nur raubt mir trotz Müdigkeit und zwei Seideln Bier den Schlaf? Habe ich Angst vor den Träumen in diesem Raum? Ist mir mein Vorbewohner mit seiner Lehre von der „Ewigen Wiederkunft" zu nah?

„Und Allen aus dem Wege gehen, die schlecht schlafen und Nachts wachen!", warnt er im „Tugend-Kapitel" des „Zarathustra".

Nein, ich habe keine Angst vor ihm. Und selbst wenn seine dominante Schwester Elisabeth mit ihren Spießgesellen Adolf Hitler und Benito Mussolini (der auch hier war) im Traumgefolge auftauchen sollte, drehe ich mich auf die andere Seite, summe die übrigen Strophen aus Paul Gerhardts „Güldner Sonne" oder das alte sozialistische „Dem Morgenrot entgegen, ihr Kampfgenossen all" (auch davor schrecken die drei zurück!) vor mich hin und freue mich, wenn der junge Tag an mein vorhangloses Fenster klopft, um mich in den Park zu locken. Ich habe den Wecker trotz der wenigen Stunden, die mir noch bleiben an diesem Morgen, auf vier Uhr gestellt.

„Einsam Gott zum erstenmal"

*Das Paradiesexperiment am Stern
in Weimar nach dem missglückten Versuch
im Garten Eden*

Über Termin und Schauplatz war man sich schnell
einig geworden. Vielleicht gab das verlassene Häus-
chen am Hang eines ehemaligen Weinberges sogar
den Ausschlag. Im Gegensatz zum ersten Experiment
sollte von Anfang an ein festes Quartier zur Verfügung stehen. Daran hatte es seinerzeit gemangelt, so
dass man die beiden Bewohner am Ende suchen
musste. Dies hatte sich als sehr lästig erwiesen.

Zwei Flüsse, die kräftige Ilm und das harmlose
Leutra-Bächlein, umflossen den Ort. Auch dies war
notwendig. Es war nämlich wie beim ersten Mal vor-
gesehen, dass der Bewohner den Garten selbst „baute
und bewahrte". Einige Konferenzteilnehmer hatten
Wert darauf gelegt, vermutlich weil sie dem jetzigen
Experiment keine besonderen Vergünstigungen zu-
gestehen wollten. Alles andere würde sich finden.

Am 3. September 1775 galten die Vorbereitungen als abgeschlossen. Noch am selben Tag fing man den jungen Werther-Autor auf seinem Weg nach Italien in Heidelberg ab und setzte ihn nach Weimar in Marsch. Am 7. November traf er dort ein.

Wegen des bevorstehenden Winters (das Problem hatte sich beim ersten Versuch nicht ergeben, deshalb dachte niemand daran) ließ man ihn zunächst einige Monate im Wartezustand in der Stadt. Er ahnte nichts und amüsierte sich so köstlich, dass man sich bereits Sorgen machte.

Unter den möglichen Kandidaten für diesen zweiten Paradiesversuch war die Wahl aus vielerlei Gründen auf den Frankfurter Rechtsanwalt und Autor Johann Wolfgang Goethe gefallen. Zwar hatte einer der Konferenzteilnehmer, nachdem alles entschieden war, ausgerufen: „Was wettet ihr?, den sollt ihr noch verlieren", sein Veto nahm jedoch niemand sonderlich ernst. Er hatte sich schon bei anderer Gelegenheit damit blamiert.

Erst am 19. Mai des nächsten Jahres, einem Sonntagmorgen, erwacht der Kandidat ungläubig in seinem Garten. Verschlafen reibt er sich die Augen, erhebt sich zum Fenster und wirft einen Blick auf die im ersten Morgendämmer erwachende Umgebung. „Wie schön war das grün dem Auge, das sich halbtruncken aufthat. Da schlief ich wieder ein", berichtet er wenige Tage später seiner Bekannten Gustchen Stolberg, mit der er in dieser Zeit einen intensiven, fast intimen Briefwechsel führt.

Wieder einmal sitze ich auf der letzten Bank am

Weg von der Ilmbrücke zum Gartenhaus. Ich will ihm in dieser himmlischen Frühe ein wenig näherkommen, dem zweiten Paradiesexperiment, das sich vor gar nicht so langer Zeit hier abgespielt hat und das mit jenem verschlafenen Blick auf die Ilmwiesen begann. Nichts rührt sich an diesem Julimorgen drüben im Fenster.

Gibt es einen schöneren Platz auf der Welt als dieses Gartenhaus und seine Umgebung? Bot Gott, abgesehen von dem ersten Versuch mit Adam im Paradies, einem Sterblichen je wieder soviel Nähe an wie dem jungen Goethe in den ersten Weimarer Jahren an diesem Ort? Und ist sie zu fassen, die Schönheit eines Morgens in diesem Park? Müsste ich bei einer Neuordnung der Schöpfung zugunsten des Erhalts dieses Fleckchens Erde an anderer Stelle Opfer bringen, mit einem Federstrich würde ich den geplanten Taunus, Mecklenburgs künftigen Schaalsee oder das Territorium der noch unbewohnten Städte Düsseldorf oder Leipzig dafür hergeben.

Erste Sonnenstrahlen breiten sich über die Parkwiesen. Noch errötet, versucht das Licht Busch und Tal, Ilm und Gartenhaus zu liebkosen. Sie kann nicht ohne uns, die Sonne. Und Nietzsche, aus dessen Zimmer in der Humboldtstraße 36 ich in aller Frühe in den Park aufgebrochen bin, hat Recht mit seiner berühmten Szene im „Zarathustra", in der dieser, dreißig Jahre alt, im Gebirge vor sie hintritt und ihr eine Lektion erteilt, indem er zu ihr spricht: „Du großes Gestirn! Was wäre dein Glück, wenn du nicht die hättest, welchen du leuchtest!"

Um die Krähe neben meiner Bank zu verunsichern

(sie inspiziert mit so fachmännischer Hektik den Ab-fallkorb, als bereite sie sich auf eine Führungsaufgabe in der Entsorgungsindustrie vor), erhebe ich mich und rufe den merkwürdigen Satz laut über die Wiese.

Sie scheint tatsächlich verunsichert und huscht in Richtung Ilm, nicht ohne eine halb verschlossene Chips-Rolle mitzunehmen.

Während ich mich setze, bemerke ich zur Seite: „Du großes Getier, was wäre dein Glück, wenn du nicht die hättest, die dir Chips-Verpackungen hinter-lassen!" (Wer kann schon in gewissen Situationen der Leidenschaft widerstehen, weltbewegende Worte zu verhunzen.)

„Eine wunderbare Heiterkeit hat meine ganze Seele eingenommen. Ich bin allein und freue mich meines Lebens in dieser Gegend, die für solche Seelen ge-schaffen ist wie die meine."

Als Goethe dies mit Blick auf die Umgebung Wetzlars schrieb, wo sein Werther spielt, wusste der spätere Gartenhausbewohner noch nichts von dem Paradiesexperiment, das ihn hier in Weimar an der Ilm erwartete. (Sätze wie diese trugen jedoch wesent-lich dazu bei, ihn für das Experiment auszuwählen!)

Auch mich hat auf meiner Bank eine wunderbare Heiterkeit eingenommen, während die Morgenröte, das Lieblingskind der Schöpfung, sich über Busch und Tal ausbreitet.

Wir haben ja vergessen, was es mit der Morgenröte auf sich hat. Goethe hat es noch gewusst. Er ist ihr vermutlich hier, an diesem Ort, auf die Schliche ge-kommen. Glücksgefühl ergreift mich, wenn ich daran denke.

Als die Welt entsteht, als Gott „Mit erhabner Schöpfungslust" sein „Es werde!" riskiert, da geschieht sogleich auch das Unfassbare. Alles strebt fort, flieht einander, mit unvorstellbarer Energie – bis heute. „Und sogleich die Elemente / Scheidend auseinander fliehn", schreibt Goethe.

Dem Schöpfer selbst wird unheimlich, obwohl er pausenlos versichert, dass alles „sehr gut" ist.

In Wirklichkeit war es wohl so, wie Goethe es dann später verraten hat: „Stumm war alles, still und öde, / Einsam Gott zum erstenmal! / Da erschuf er Morgenröte, / Die erbarmte sich der Qual."

Und sie schafft es, mit ihrer Verführungskunst, mit ihrem kosmischen Zauber, Verbindungsglied, Treffpunkt, letzte Schöpfungseinheit zu sein: „Sie entwickelte dem Trüben / Ein erklingend Farbenspiel, / Und nun konnte wieder lieben, / Was erst auseinander fiel."

Selbst meine Krähe scheint nicht ganz immun gegen die göttliche Stimmung, die uns seit einigen Minuten umgibt. Manchmal hält sie inne bei ihrer Geschäftigkeit und wirft das unruhige Köpfchen wie suchend in die Höhe. Für nichts in der Welt würde ich diese Morgenstunde auf meiner Bank jetzt hergeben.

„Alle Menschen werden Brüder", rufe ich übermütig in Richtung Gartenhaus, und, leiser, zur Seite:

„Wenn du willst, kannst du mitmachen. Noch vor kurzem hat ein Forscher mit Blick auf das Gehirn deiner Rabenvogelsippe von Brüdern und Schwestern des Menschen gesprochen."

Aber sie will offensichtlich nicht mit mir verwandt sein.

Höre ich Geräusche drüben im Gartenhaus? Fliegt etwa ein Schuh durch den Raum? Goethe und sein zeitweiliger Mitbewohner, der junge Fritz von Stein, haben abgemacht, dass derjenige, der zuerst aufwacht, den anderen mit einem gezielten Schuhwurf wecken darf. Mit zu großem Vergnügen halten sie sich daran. Aber um diese Zeit ist sicher keiner von beiden wach.

Wartet bei der auffälligen Baumgruppe in der Schneise zum Römischen Haus zwischen Blumen und Gras nicht Ganymed, der Mundschenk des Zeus, auf die himmlische Wolke, die ihn, vielleicht an diesem Morgen, endlich wieder an die Brust des „allliebenden Vaters" bringen soll? Goethe könnte ihn hier beobachtet haben, als er sein Gedicht schrieb (das Franz Schubert so gewaltig vertonte, dass es einem beim Hören durch und durch geht).

Wo versteckt sich Pan, der Hirtengott, der sich in jenen Tagen ebenfalls hier im Park niederließ? Goethe selbst hat viele Jahrzehnte später, das „Experiment" lag weit zurück, seinem jungen Freund Eckermann davon berichtet, als sie in der Mittagshitze unter den großen Bäumen neben dem Gartenhaus saßen.

„Ich habe die Bäume vor vierzig Jahren alle eigenhändig gepflanzt, ich habe die Freude gehabt, sie heranwachsen zu sehen, und genieße nun schon seit geraumer Zeit die Erquickung ihres Schattens. Das Laub dieser Eichen und Buchen ist der mächtigsten Sonne undurchdringlich; ich sitze hier gerne an warmen Sommertagen nach Tische, wo denn auf diesen Wiesen und auf dem ganzen Park umher oft eine Stille herrscht, von der die Alten sagen würden: daß der Pan schlafe." So hat Eckermann es später aufgeschrieben.

Und huscht drüben nicht Eva – nein, es ist Christiane! – um diese Zeit blitzschnell ins Gartenhaus? Wie fast an jedem Morgen in jenem Sommer 1788, als der Hausherr das Knarren der Tür kaum abwarten konnte und in dem ohnehin schon zu schmalen Reisebett auf die Seite kroch?

Einige Erzengel hatten die neue Eva im Juli 1788 spitzbübisch dem Experiment zugefügt. Das wollten sie sich nicht entgehen lassen, ob auch er elektrisiert wie damals Adam im ersten Versuch ganz außer sich dieses „Ist das nicht Fleisch von meinem Fleisch?" stammeln würde.

Und natürlich stammelte er. (Da kennen uns die Engel viel zu gut und kommen aus dem Kichern nicht heraus, obwohl sie, die geschlechtslosen, nicht einmal die Hälfte ahnen von dem, was sich bei uns abspielt.)

Aber er stammelte auf seine Weise und sprach nicht einmal vom abstrakten „Fleisch", sondern gleich von „des lieblichen Busens Formen". Und anstatt sich ihrer Nacktheit zu schämen, schienen sie diesen Zustand besonders zu genießen. Dabei hatte Gott beim ersten Versuch noch Tiere opfern müssen, nur damit die beiden, die sich plötzlich schämten, notdürftig mit Fellen eingekleidet werden konnten. Damals floss zum ersten Mal Blut. Außerdem, hatte Gott nicht Adam den Reiz des Alleinbleibens schmackhaft gemacht? John Milton hat die Bemühungen Gottes in seinem „Verlorenen Paradies" ergreifend beschrieben. Dort spricht Gott zu Adam: „Was denkst du denn von mir und meinem Stande? Fehlt es mir an Seligkeit nach deiner Meinung oder nicht? Ich bin von Ewigkeit allein."

Aber Adam war längst verloren für die göttliche Einsamkeit, nachdem er den Tieren, den Pärchen, Namen gegeben und sie beobachtet hatte.

Versteckt hatten sich der neue Adam und seine Eva-Christiane auch. Und ausgerechnet Fritz von Stein, zu dieser Zeit schon ausquartiert, musste sie finden und es wie ein geschwätziger Engel überall herumposaunen. Seine Mutter, Charlotte von Stein, wurde sehr böse, als sie auf diese Weise von dem Experiment erfuhr, war sie doch selbst ein wenig darin verwickelt, ohne es zu ahnen. Man siedelte sie sogar ganz in der Nähe an.

Dabei war sie nicht einmal hübsch, die zweite Eva, sondern besaß lediglich einen den Engeln unverständlichen Liebreiz, dem sich jedoch offensichtlich der neue Adam nicht entziehen konnte. Beim ersten Paradiesversuch hatte man noch mühsam experimentieren müssen, weil sich niemand etwas unter weiblicher Schönheit vorstellen konnte. Die seltsamsten Ergebnisse waren dabei herausgekommen, und noch nach Jahrtausenden mussten einige Engel lachen, wenn sie einer dieser ersten Bemühungen begegneten, von denen nicht wenige die Zeiten überdauerten.

Ziemlich genau zu dem Zeitpunkt, als Caroline Herder ihrem in Rom weilenden Mann schließlich mitteilte, was sich im Gartenhaus seines Freundes Goethe vor der Stadt ereignete, brach man das zweite Experiment ab. Da „er auch schon vierzig Jahre alt ist, so sollte er nichts tun, wodurch er sich zu den andern so herabwürdigt", hatte die Gattin des weimarischen Generalsuperintendenten Johann Gottfried Herder ganz aus der Nähe des kleinen Paradieses ausgerechnet in die ewige Stadt geschrieben.

Auf eine offizielle Entfernung aus dem neuen Garten Eden verzichtete man allerdings. Sie ergab sich bald darauf von selbst. Aber immer wenn die beiden in späteren Jahren den Ort wieder einmal aufsuchten (was nicht selten geschah, weil sie Heimweh und Verantwortung für den Garten, im Gegensatz zu den ersten Paradiesbewohnern, nie ganz ablegen konnten), war ihnen seltsam zumute. „Wie wünscht' ich / fest zu halten das Glück, das mir die Augen versengt!", sagte er bei einer solchen Gelegenheit einmal zu Christiane. Und noch der Fünfundsiebzigjährige bekennt in einem Gespräch mit Blick auf den Garten am Stern: „Die alten Erinnerungen machen mir ganz unheimliche Eindrücke."

Die Verantwortlichen aber gerieten in eine bis heute nicht entschiedene Auseinandersetzung, ob das Experiment gelungen oder, wie beim ersten Mal zwischen Euphrat und Tigris, nicht doch gescheitert sei. Unstrittig jedoch war, dass ein Teil des Experiments als ausgesprochen gelungen gelten konnte und das erste haushoch in den Schatten stellte, nämlich wie der junge Goethe-Adam den Garten bebaut und bewahrt hatte. Darüber waren sich alle einig.

Er war natürlich bestens präpariert gewesen für diese Aufgabe. Kaum ein Kind seiner Zeit betrieb jene „Physico-Theologica", die Entschleierung der Existenz Gottes und ihrer Geheimnisse durch das Studium der Natur, so leidenschaftlich wie er. Seinen ganzen Kopf- und Buchglauben hatte er dagegen aufs Spiel gesetzt. Und er traute durchaus dem Schuhmacher-Mystiker Jacob Böhme, der bereits vor etwa anderthalb Jahrhunderten geschrieben hatte: „Du wirst kein Buch finden, da du die göttliche Weisheit könntest mehr inne finden zu forschen, als wenn du auf eine blühende Wiese gehest, da wirst du die wunderliche Kraft Gottes sehen, riechen und schmecken, wiewohl es nur ein Gleichnis ist." (Goethe kannte Jacob Böhmes Schriften und schätzte vor allem dessen Lucifer-Deutung, nach der das Verhältnis zwischen Gott und Satan durch Stillhalteabkommen und gegenseitige Verträge geregelt und ein endgültiger Sieg zwischen beiden nach wie vor offen ist.) Entgegen aller dogmatischen Gottesgelehrtheit empfiehlt der Mystiker schlicht: „Tue deine Augen auf und gehe zu einem Baum und siehe den an und besinne dich!"

Zum ersten Mal in seinem Leben konnte er jene von ihm im Werther beschriebene „simple, harmlose Wonne des Menschen" in die Tat umsetzen, „der ein Krauthaupt auf seinen Tisch bringt, das er selbst gezogen". Und so wurden drüben die Meter um das Haus herum mit all ihren Krauthäuptern, Spargel- und Blumenbeeten zum Allerheiligsten des selbst geschaffenen Paradieses. Und überall setzte er jene „Bäume der Erkenntnis" in den Garten, von denen in der Paradiesgeschichte und bei Jacob Böhme die Rede ist. Einige davon stehen heute noch.

Auch für ihn scheint der Garten „die" Erfindung der Menschheit überhaupt. Wer weiß noch darum, dass die europäische Aufklärung neben der Beschäftigung mit dem Menschen sich in erster Linie dem

Garten zuwendet? Er ist so etwas wie der Altar der neuen Religion. Dieses bis heute vielleicht eigenartigste Vergnügen des Menschen, den verlorenen Garten Eden in milliardenfachen Miniatur-Varianten nachzubauen, dieses köstliche Nachäffen des Göttlichen, ernster und konkreter als mancher Gottesdienst und alle frommen Rituale, der junge Goethe verfällt ihm von diesem Frühjahr 1776 an bis zum Lebensende. Und findet Gott den Menschen nicht am interessantesten und hat er ihn nicht am liebsten, wenn er mit seinem eigenen Gärtlein der amtlichen Schöpfung zu schmeicheln und wohl auch ein bisschen dagegen zu sticheln versucht?

„Nie, seitdem er sich mit Diamanten schmückt oder ins Blech bläst, war er auf einen seltsameren Vorschlag, einen verwirrenderen Einfall gekommen als in dem Augenblick, da er die Gärten erfand", staunt noch im letzten Jahrhundert der französische Schriftsteller Louis Aragon über den grandiosen Einfall des Homo sapiens.

Erfunden hat er drüben ihn nicht, den Garten, aber hätte es ihn nicht gegeben, er wäre als erster auf die Idee gekommen. In jeder Stunde des Tages und der Nacht habe er die Natur belauscht, bekennt er im Alter einmal. Er wird nicht übertrieben haben.

Ich bin kein Naturphantast. Die in Wahrheit ja nicht mehr vorhandene Harmonie der Natur bei diesem zweiten Paradiesversuch und der übermächtige Zerstörungstrieb alles Lebendigen sind mir nur allzu bewusst. Und auch unsere Rolle dabei, die neben jeder Schöpfungskonkurrenz in Wirklichkeit so aussieht, dass noch „der harmloseste Spaziergang tausend armen Würmchen das Leben kostet und ein Fußtritt eine kleine Welt in ein schmähliches Grab stampft" (wie der Gartenhausbewohner drüben im Werther geschrieben hat).

Und vermutlich stimmt gar, dass selbst jeder Grashalm seinen Nachbarn aus tiefster Seele hasst. Er dort drüben, der große Naturanbeter, wusste sehr wohl um diese andere Seite der Natur, um ihr Eingebundensein in die furchtbaren Vertragsklauseln, die das Böse sich ausbedungen hat (wenn Jacob Böhme denn Recht hat mit seinen „Verträgen").

Sind selbst Jagd und Fischerei vielleicht nichts anderes als eine notwendige Strafe für die unbarmherzige Natur mit ihrer „ekelhaften Schweinerei" des „Fressen und gefressen Werdens", die „im ganzen gesehen", wie der französische Schriftsteller und Philosoph Houellebecq anregt, einer Zerstörung durch den Menschen zugeführt werden sollte?

Seine eigentliche Bestimmung, die wichtigste Aufgabe des Menschen, nach Houellebecq besteht sie möglicherweise darin, den Holocaust an der entarteten Natur durchzuführen.

Welch seltsame Korrektur aller Gutmenschen- und Fernsehmoderatorenweisheiten von der „Bewahrung der Schöpfung".

Sie ist ja tatsächlich, im Gegensatz zum Menschen, der Gnade walten lassen kann (so selten er es tut), ohne jede Gnade. Man betrachte die lieblichste Katze beim Mäuse- oder Vogelfang, schon wird man unsicher in seinem Glauben an die Bewahrung der Schöpfung. Wer bringt Katze, Schlange und Tiger zur Räson? Sie werden nichts anfangen können mit unserer Bewahrung und sie lediglich als Ausgangsbasis für fettere Beute schätzen.

Mein heimlicher Weimar-Begleiter Arno Schmidt (ich wollte ihn heute morgen auf keinen Fall dabei haben, aber unter gewissen Umständen ist er ruck zuck zur Stelle!) mag solche Gedanken. Er nimmt sogar den seiner Meinung nach arroganten Umgang des Vegetariers mit dem Salatkopf aufs Korn. „Pflanzenfleischer" nennt er die sanften Gegner des Tieropfers für den Menschen und verbreitet eine gemeine Geschichte über den großen Literaten und bekennenden Vegetarier Bernard Shaw. „Abgesägt=unglücklich" habe der „dreingeschaut", als der Physiker und Botaniker „Sir Jagadis Chandra Bose ihm experimentell vorführte, wie sich sein geliebtes Gemüse qualvoll krümme, und unter heftigen Konvulsionen sterbe, wenn es von ihm zu Tode gebrüht werde!" Gäbe es, wenn der Kohlkopf sprechen könnte, tatsächlich keine Gemüsegeschäfte mehr?

Kann der menschliche Geist der fortwährend auf gegenseitige Vernichtung drängenden Natur außerhalb aller Vernichtungsnotwendigkeit und -lust eine eigene Würde geben?

Wir haben wenig in der Hand. Nur die Morgenröte, etwas Hoffnung, und eine riesige Verpflichtung, denn, so heißt es in den heiligen Schriften der Menschheit, „auch die Kreatur sehnt sich mit uns nach Erlösung".

Zarathustras Sonne hat endgültig die Macht über den Weimarer Garten Eden übernommen. Einen

Augenblick überlege ich, Jacob Böhmes Rat zu befolgen und zu einem Baum zu gehen, ihn anzusehen und mich zu besinnen. An der mächtigen Kastanie zwischen meiner Bank und dem Gartenhaus könnte ich es ausprobieren. Doch ich befürchte, dass mir alberne Gedanken durch den Kopf gehen werden. (Das ist ja auch so eine Gemeinheit, dass uns in großen, ernsten Augenblicken lächerliche Gedanken durch den Kopf gehen können.)

So gehe ich ohne „Baumbesuch" den Weg zurück, der über die Naturbrücke und den Treppenaufstieg des Nadelöhrs in Richtung Innenstadt aus dem Paradies führt.

Wäre der Bratschist schon da, der im Sommer bei dem Felsvorsprung vor der Treppe seinen kleinen Orchestergraben eingerichtet hat, würde ich ihn bitten, mir etwas aus Haydns „Schöpfung" zu spielen. Aber es ist noch viel zu früh für seinen Auftritt.

Früher war er in den großen Konzerthäusern Osteuropas zu Hause. Jetzt bessert er seine schmale Pension in der warmen Jahreszeit durch das Spielen im Park auf. Man kann sich etwas wünschen, wenn man will. Er hat zwar einige Notenmappen dabei, aber die meisten Musikstücke spielt er aus dem Kopf. Manche Parkbesucher honorieren sein Privatkonzert mit einer kleinen Gabe, andere gehen kopfschüttelnd vorüber.

„Kein Respekt ist heute mehr vor einer Ersten Bratsche", klagt er manchmal in eigenwilligem Deutsch. Und wenn sein kleiner Teller ihm, wie dem armen Leiermann in Schuberts „Winterreise", leer bleibt, fragt er mich: „Warum verachten die Leute einen Musiker, wenn er im Park spielt?", um sich bald darauf selbst mit den Worten zu trösten: „Johann Strauß hat auch im Park gespielt."

Vielleicht treffe ich ihn beim Frühstück in dem Café am Wittumspalais, wo er sich morgens, wenn die Vortagsbilanz es zulässt, eine zweite Tasse Kaffee gönnt.

Dem Erzengel Michael fiel die Aufgabe zu, Adam und Eva aus dem Paradies zu entfernen. Ganz eng nebeneinander und Hand in Hand seien sie gegangen, heißt es. Irgendwo ist überliefert, Adam habe kurz vor dem Tor, an dem schon die Cherubim mit dem „bloßen, hauenden Schwert" ihren Posten bezogen hatten, noch einmal hinter sich gesehen und eine Grimasse geschnitten. Das Bild geht mir immer nahe.

Ich werde keine Grimasse schneiden, während ich die Treppe hinaufsteige. Warum sollte ich es tun? Ist doch das zweite Experiment weder gescheitert, noch der Garten Eden am Weimarer Stern hier verschlossen. Zwar hat der geniale Baumeister Coudray Goethes Gartenhaus mit einer himmlischen Pforte versehen (man kann sie im Park von fast überall sehen, sie „stolzirt unten auf der Wiese gar ansehnlich", schreibt der Dichter seinem Sohn August), aber im Gegensatz zu den strengen Paradieswächtern lässt Coudray, der gute Katholik im protestantischen Weimar, uns hinein. Jeden Tag wird die Pforte aufs neue geöffnet.

Nein, misslungen ist es nicht, das kleine Paradiesexperiment am Stern in Weimar.

Von der Weisheit des Doppelbettes

Lieblingsblick durch das Goethehaus mit
respektvollem Besuch seiner Schlafzimmer

Trotz der Morgenfrische setze ich mich auf eine der Bänke gegenüber dem Goethehaus. Erst um neun Uhr dürfen die Besucher hinein. Er „sei kein Wundertier, um begafft zu werden", ließ der Hausherr einmal einem Durchreisenden mitteilen, der den berühmten Goethe zu sehen wünschte. Sein bekannter Vers: „Warum stehen sie davor" mit der einladenden Aufforderung am Ende: „Kämen sie getrost herein, würden wohl empfangen sein", war nicht ernst gemeint. Im Gegenteil. Niemand hasst Besucher mehr als der Dichter. Jede noch so gut gemeinte Annäherung bedeutet für ihn eine Gefahr, der mehrtägige Besuch treibt ihn gar zur Verzweiflung. Nur „der Abwesende ist eine ideale Person", schreibt der Bedrängte einmal an den Freund Zelter. Heute ist tatsächlich jeder willkommen.

Ein „Heiligtum, das in Europa seinesgleichen nur auf der Akropolis und am Avon hat", nennt ein Forscher (und gleichzeitig Enthusiast, wie es sie um den Dichter immer gegeben hat und wohl auch immer geben wird) Goethes Wohnung am Weimarer Frauenplan. Mir gefällt die Formulierung. Sie gibt meiner Neigung zu diesem Ort zusätzlich Würde. Und so sitze ich gern auf der Bank, die den Blick auf die thüringische Akropolis freigibt.

Gehen wir, bevor die Millionen Besucher ihren Blick in die Räume werfen, mit dem neuen Hausherrn noch einmal durch die unschuldigen Zimmer. An den Kollegen Voigt von der Baubehörde richtet sich der künftige Bewohner im April 1792 mit der Bitte: „Wenn Sie nichts zu erinnern finden, so wollte ich morgen frühe in das Haus mit Meyern und dem Zimmermann gehen, um einige Maße zu nehmen." Alle Umzugsgeschichten beginnen so.

Christiane bringt neben dem zweijährigen August Schwester und Tante mit. „Der Anhang, der Anhang! den zu dulden Goethe schwach genug und gutmüthig war", schreibt einer seiner ehrlichsten lebenslangen Bewunderer erstaunlich herzlos über die Herzlichkeit des jungen Familienvaters. Es ist der ehemalige Schiller-Hauslehrer Bernhard Rudolf Abeken, mein lieber Freund in der Vergangenheit und häufiger „Begleiter" in Weimar.

Christiane ist die Ernährerin der Tante, die ihrerseits die Vulpius-Kinder nach dem frühen Tod ihrer

Mutter großgezogen hat. Ebenso ist sie für die jüngere Halbschwester Ernestine verantwortlich. Beide sind ohne ihre Fürsorge hilflos.

Man kann sich Christianes Kopfzerbrechen vorstellen. Ihre ängstlichen Annäherungen an das Thema „Tante und Schwester". „Der kann uns in dem vornehmen Haus doch nicht gebrauchen, dein Goethe, der beste Freund des Herzogs", klagen die beiden immer wieder.

Christiane selbst ist natürlich auch unsicher. Und in ihrer Not traut sie sich eines Tages, das heikle Thema anzusprechen. „Ich kann die Tante und Ernestine nicht allein lassen", sagt sie. „Sie hat alles für mich getan, und sie haben nur mich. Es geht nicht. Ich kann sie nicht allein lassen!"

„Dann kommen sie eben mit uns. Es ist Platz für alle da", sagt er und nimmt sie doppelt fest in den Arm. Außer sich vor Glück, reißt sie sich los, um es beiden mitzuteilen. So schnell ist nie jemand durch Weimar gelaufen. „Ihr kommt mit!", ruft sie. „Er möchte, dass ihr mit in das große Haus einzieht!", stößt sie atemlos hervor. Und alle drei stehen da mit Tränen in den Augen.

Ach Abeken! Das muss man doch erst mal können, damals wie heute! Es adelt ihn vielleicht noch mehr als zwanzig seiner besten Gedichte. Und du, einer seiner zuverlässigsten und sensibelsten Kenner, du blödest durch die Jahrhunderte: „Der Anhang, der Anhang! den zu dulden Goethe schwach genug und gutmüthig war."

Achtuhrfünfundvierzig. Noch immer sind die Türen

des Hauses verschlossen. Niemand denkt daran, den Besucher „außerhalb der Regel" hereinzulassen.

Also warte ich auf meiner Bank und stelle mir die Szene vom Oktober 1806 vor, als französische Marodeure nach der Schlacht von Jena und Auerstedt gegen die Türen pochten. Sie kamen „außerhalb der Regel", aber man musste trotzdem öffnen. Ebenso im April 1945, als wiederum Soldaten Einlass forderten. Diesmal waren es Amerikaner.

Auf dem Dach des Hauses warb die Hakenkreuzfahne schon lange nicht mehr für den Endsieg. Goethe in diesen letzten Weltuntergangstagen noch als Volkssturm-Reserve zu missbrauchen, hielt selbst in einer der „Hauptstädte der Bewegung", wie Weimar es gewesen war, niemand mehr für sinnvoll.

Die Goethe-Elite vor Ort mochte wohl auch schon mit Entsetzen an das Lager oben auf dem Ettersberg denken, für das die Stadt mit dem großen Namen unweigerlich würde haften müssen. So konnten sich vor allem die „Wissenden" leicht vorstellen, dass es diesmal noch ärger ausgehen würde als im Oktober 1806 unter Napoleon.

Goethe selbst war um diese Zeit allerdings nicht mehr in Weimar, „er war seit langem schon umgezogen, mehr noch, er war seinem Volke überhaupt abhanden gekommen", schreibt der weinende Spötter Albert Vigoleis Thelen wenige Jahre später über die Weimarer Katastrophe und Goethes Rolle darin in seinem Essay „Goethe Anonymus".

Vermutlich kam er erst zurück, als ein amerikanischer Soldat zu seinen Gunsten einen Zettel an das

Tor heftete, der das bereits am 9. Februar von einer Bombe mitgenommene Gebäude vor der weiteren Zerstörung rettete.

Mehr als hundert Jahre edelster Repräsentanz deutscher Kultur in der Welt, ein Jahrhundert exportierten „deutschen Wesens", das zu bewundern so viele Völker bis zu jener Katastrophe nicht müde wurden, waren in der Sprache Shakespeares bilanziert, der sich damit für seine vor langer Zeit freundliche Aufnahme in Deutschland durch den Hausherrn revanchierte. „This is the house of Goethe. He was a great poet", lauteten die Worte, mit denen der Stratforter sich im April 1945 am Weimarer Frauenplan für jenen enthusiastischen Aufsatz des jungen Goethe „Zum Shakespeares Tag" 1771 bedankte. „Shakespeare mein Freund, wenn du noch unter uns wärest ich könnte nirgend leben als mit dir", hatte er damals geschrieben.

Mit dem Zettel baten Shakespeare und der amerikanische Soldat um Gnade für das Haus. Das war gut so. Es wäre diesmal auch nicht, wie im Oktober 1806, eine Christiane Vulpius dagewesen (ob mit oder ohne Brotmesser in der Hand), um Schlimmstes zu verhindern. Am Tag, bevor das Blatt am Haus hing, hatten bereits drei betrunkene GI's im Hause randaliert und einige Plastiken zerstört.

Direktor Hans Wahl rahmte das Schriftstück schließlich ein und brachte es draußen am linken Tor an. „In den nächsten Tagen kamen viele Amerikaner, um das Goethehaus zu besichtigen", erinnert sich der Museumsangestellte Otto Korduan 1963 an die Wirkung der wenigen Worte.

Seltsamerweise geht das Blatt im Wirrwarr der

Nachkriegsjahre verloren, obwohl es zu den wichtigsten Papieren gehört, die das Haus unter den Tausenden von Blättern, die hier Weltbedeutung erlangten, gesehen hat.

Anfang der siebziger Jahre des letzten Jahrhunderts erzählt mir ein älterer Herr in einem internationalen Camp am Starnberger See seine Geschichte mit dem Zettel am Goethehaus. Er war Deutschlehrer in Amerika und wusste, welcher Stadt sich seine Einheit da im April 1945 näherte. Das Bild des Hauses am Weimarer Frauenplan war ihm aus seinen Lehrbüchern bekannt. Jetzt tauchte es plötzlich „leibhaftig" vor ihm auf. Sofort wusste er, was er zu tun hatte.

Der Wiederaufbau des von Bomben zum Teil zerstörten Hauses geschieht unter russischer Aufsicht und der damit verbundenen Materialknappheit. Aber zu Goethes 200. Geburtstag am 28. August 1949 kann es seine Türen wieder öffnen.

Endlich neun Uhr. Ich bin gern einer der ersten Besucher. Es ist, als sei man eingeladen, als gehöre man in den leeren Räumen ein wenig dazu. Selbst das Aufsichtspersonal grüßt um diese Zeit familiär. Wenn die Besucherströme ihren Weg durch die Räume nehmen, ist alle Unschuld dahin.

Mindestens einmal im Jahr gehe ich mit dem angebotenen Kopfhörer durch das Haus und höre mir alle Details erneut an. Der ungeheure Reichtum in den Räumen wird hier auf angenehme Weise komprimiert. Und doch bleibt nichts Wesentliches unberücksichtigt.

Mein eigener, oft zügiger Gang durch die Räume sieht dagegen bevorzugt einen Gruß der mir besonders nahestehenden „Bewohner" vor.

Es sind in erster Linie innerlich Vertraute, aus irgendeinem Grund „Lebensberührer" im Goethe-Kosmos; meistens nicht einmal besonders repräsentativ. Fast in jedem Zimmer wartet so ein Statthalter, wenn ich meinen Gang durchs Heiligtum mache.

So halte ich es in seinem Haus wie Goethe es in Italien hielt, wo er nur das sah, was er sehen wollte. Kunstkritiker und Fachleute schlugen bekanntlich nach der Veröffentlichung der ersten beiden Teile der „Italienischen Reise" 1816/17 darüber die Hände über dem Kopf zusammen. Sein Kommentar hinsichtlich solch selektiven Genusses gegenüber dem Freund Meyer: „Zur wahren Erkenntnis braucht man eigentlich blos Trümmer."

Man gelangt über den ungewöhnlich großen Treppenaufgang mit seiner trittfremden Stufenhöhe in die Wohnbereiche. Der Hausherr soll sich später über die aufwändige Investition geärgert haben. Der Treppe mussten nämlich einige ursprünglich vorhandene Zimmer geopfert werden. Wer kennt nicht diese romantischen Sanierungsdummheiten, denen jeder Hausherr vor dem Einzug verfällt? Heute ist sie natürlich ein Juwel ganz besonderer Art, die ungewöhnliche Treppe.

Der erste Bekannte, dem nach dem „Salve" im sogenannten **Gelben Saal** mein eigener Gruß gilt, ist der Göttervater Zeus selbst. Er thront gleich rechts in der Ecke an der Wand.

Der junge Goethe hatte ihn in seiner römischen Wohnung am Corso gegenüber dem Bett platziert, „damit ich sogleich meine Morgenandacht an ihn richten kann", wie er im Tagebuch notiert.

Der Gipsabguss der Büste des im vierten Jahrhundert vor unserer Zeitrechnung modellierten Göttervaters gehörte zu seinen ersten Anschaffungen in Rom.

Dabei hatte er ihm in seinem „Prometheus" mit dem bis heute Lesebuch- und Abiturerprobten Satz: „Ich dich ehren? Wofür? / Hast du die Schmerzen gelindert / Je des Beladenen?" eigentlich längst den Kampf angesagt.

Nichtsdestotrotz blieb er bis ans Lebensende davon überzeugt, dass man, wie er sagt, im Gegensatz zu allen anderen Kulturen gegenüber der griechischen Kunst, „dem höchsten, was Menschen gemacht haben", „ewig Schuldner" bleibe.

Wir ahnen heute kaum noch den Riss, den das Griechentum Goethes und Schillers zu den meisten gebildeten Zeitgenossen verursacht hatte.

Es war schon damals ein Trotzbekenntnis zu einer weitgehend überholten Sicht der Vergangenheit. Die jungen mittelalterseligen Romantiker machten sich längst lustig über die (auch immer ein wenig antichristlich akzentuierte) Heroisierung der toten Götter mit ihrem „Schauer des heiligen Schweigens".

Goethes ehemaliger Freund Graf Stolberg unterzog sich sogar der Mühe, nach Italien zu reisen, um das vor allem von Schiller propagierte Idealbild des Menschlichen der „Götter Griechenlands" zu überprüfen. Für den Weimarer Antikenkult ist Stolbergs Urteil ein Schlag ins griechisch-römische Gesicht, wenn er feststellt: „Ein gewisser Charakter von Härte, Mangel an Teilnehmung, trüber Melancholie, welche an Zorn grenzet, bezeichnet die meisten Köpfe der alten Statuen, sowohl der Götter als der Menschen, sowohl des männlichen Geschlechts als des weiblichen."

Und Stolberg hält nicht zurück: „Es schwebet, selbst auf den Gesichtszügen der ewigen Götterjugend, wie eine schwarze Wolke, der Gedanke des Todes." (Wer kurz vor die Tür des Gelben Saals ins Treppenhaus zurückgeht und neben dem „Salve" am Eingang die Jünglinge der Ildefonso-Gruppe betrachtet, blickt ihm zweifach ins Gesicht, dem „Gedanken des Todes". Die gesenkte, verlöschende Fackel symbolisiert dem Freund das Ende, er ist des Todes.) Stolberg hat nicht Unrecht, man findet den „Zug des Todes" tatsächlich in fast allen Gesichtern der in diesem Hause vorhandenen griechischen und römischen Statuen.

Aber die antike Plastik verleihe dem Tod Würde und raube dem christlichen, geschundenen Leichnam von Kruzifix und Grab das Hässliche, halten die Weimarer dagegen.

Der angesehene Historiker und Antikenforscher Jacob Burckhardt hat in seinen späten Berufsjahren unter wissenschaftlichen Schmerzen mit den „Göttern Griechenlands" abgerechnet.

Seine Götterbilanz gilt wohl auch für den erhabenen Zeus hier im „Gelben Saal" des Goethehauses.

Und so lautet sie: „Wir hatten alles: Glanz himmlischer Götterschönheit, ewige Jugend, unzerstörbaren Frohsinn, aber wir waren nicht glücklich, denn wir waren nicht gut. Wir konnten nicht gut sein, weil wir nur ästhetische Ideale, keine ethischen Potenzen waren."

Und als nur ein Beispiel der erschreckenden ethischen Impotenz der kalten Statuen führt er an: „Schaut die trostlose Niobe! Wir haben ihre schuldlosen Kinder erschlagen, nur um der stolzen Mutter unsagbar weh tun zu können. So ist unser Handeln allzeit gewesen. Wir haben nur uns selbst gelebt und allen andern Schmerz bereitet. Wir waren nicht gut und darum mußten wir untergehen."

Einer dieser erschlagenen Söhne der Niobe, der Torso des Ilioneus, erwartet uns in der Mitte des benachbarten Brückenzimmers.

Was mir den „Gelben Saal" immer für einige Sekunden zusätzlich wertvoll macht: In diesem Raum stand Ottilie von Goethes Leichnam im Oktober 1872 aufgebahrt. Zwei Jahre zuvor war die in guten Jahren beängstigend agile und lebenslustige Schwiegertochter als soziales und körperliches Wrack in die Räume zurückgekehrt, die sie fünfundfünfzig Jahre zuvor mit bezaubernder Energie erobert hatte. Auch die Räume, in denen wir leben, beobachten uns oder feiern gar ihre Siege über uns.

An dieser Stelle ein offenes Wort für den Goethehaus-Besucher.

Es ist nicht notwendig, in ehrfürchtig erstarrtem Bildungsrespekt den vielen Zeugnissen der griechischen und römischen Antike, die den Besucher hier ebenso bedrängen wie beglücken, eine schuldige Aufwartung zu machen.

Einer, der sich schon zu Lebzeiten Goethes in dieser Hinsicht nicht vom Hausherrn hat blenden lassen, ist der in Weimar wegen seines beispiellosen Publikumserfolgs gefürchtete Dichter Jean Paul.

„Sein Haus frappiert ... ein Pantheon voll Bilder und Statuen, eine Kühle der Angst presset die Brust", hat der in dieser Hinsicht trotz seines bis zu drei Liter Bier Tageskonsums erfrischend nüchterne Jean Paul unbeeindruckt analysierend festgehalten und die gut inszenierte Rolle des Hausherrn darin mit eigener Überlegenheit kommentiert: „... endlich tritt der Gott her, kalt, einsilbig, ohne Akzent."

Könnte es nicht auch heißen: Sein Haus soll frappieren? Hat der Hausherr eventuell Freude an der auf diese Weise erzwungenen Distanz seiner Besucher gehabt?

Wir sollten ihm heute nicht mehr auf den Leim gehen. Zweihundert Jahre Fortschritt in Wissenschaft und Kunst-Interpretation liegen zwischen ihm und uns und machen uns zu Visitatoren, denen Goethes eigener Respekt heischender Blick, wenn wir wollen, nicht mehr standhält.

Wir betreten durchaus als die Mehr-Wissenden dieses „begrenzt wissende Haus". Das sollte der Besucher bei aller Hochachtung vor der Akropolis-Stratford-Frauenplan-Trinität zu seinen eigenen Gunsten nicht vergessen.

Nebenan, im **Kleinen Eßzimmer**, grüßt auf der gegenüberliegenden Wand oben rechts bei der Tür der Hallenser, später Berliner Professor Friedrich August Wolf. Der zehn Jahre jüngere Altphilologe gehört zu den ganz besonderen Goethe-Bekannten. Einerseits unverzichtbar kompetent als exzellenter Philologe und Altertumswissenschaftler (auch er ein Kult-Grieche, worauf die Freundschaft zum Hausherrn gründete), andererseits ein schwer erträglicher Zeitgenosse.

Sein Problem: Der Universalgelehrte bedrückte durch eine derart penetrante Rechthaberei, dass Goethes Befindlichkeit ihm gegenüber fortwährend zwischen Abneigung und Bewunderung schwankte. Er nennt ihn einen „vortrefflichen Unerträglichen".

Ein Beispiel der Hass-Liebe des Hausherrn zu Wolf: An seinem Geburtstag traut Goethe sich nicht einmal, Wolf gegenüber das Datum zu erwähnen. Warum? Der allwissende Professor hat sich angewöhnt, „daß er alles was man sagen kann, ja alles was da steht hartnäckig verneint und einen, ob man gleich darauf gefaßt ist, doch endlich zur Verzweiflung bringt." Dem Freund Zelter erklärt Goethe sein Verschweigen des eigenen Geburtstags gegenüber Wolf mit der Sorge: „Jener im Widerspruch Ersoffene hätte mir am Ende gar zur Feier meines Fests behauptet, ich sei nie geboren worden."

Man sieht Wolf sein Leiden auf dem Bild irgendwie an. Man kennt diesen zeitlosen, allwissenden Blick der forschen Rechthaber. Er ist ja nicht ausgestorben. Etwa Mitte vierzig ist Wolf auf dem Bild.

Niobes erschlagener Sohn fällt beim Betreten des **Brückenzimmers** als Torso ins Auge. Rechts an der Wand zum Hof die Figur des Achill. Wie griechisch-klassisch-unschuldig er sich präsentiert in seinem von Friedrich Tieck modellierten Kunstkörper. „Das Vieh" nennt Christa Wolf ihn in „Kassandra", und nicht zu Unrecht.

„Was ist das für ein Krieger im Mittelpunkt gleich des ersten schriftlichen Zeugnisses, der Stiftungsurkunde der europäischen Literatur, der da alle anderen, die eigenen Landsleute eingeschlossen, in den Tod geschickt sehen möchte?", fragt der Literaturwissen-schaftler Jürgen Manthey in seinem grandiosen Ent-mythologisierungsband „Die Unsterblichkeit Achills. Vom Ursprung des Erzählens".

Am Ende des sich anschließenden Brückenzim-mers erwarten mich Herder und Schiller in hier halb-wegs demonstrierter Eintracht. Zu Lebzeiten gab es sie nicht. Herder zum Beispiel sei „gelb geworden" vor Abneigung, wenn der Name Schiller in seiner Gegenwart fiel, ist überliefert. „Wirklich ekelhaft" findet Schiller den Nachbarn.

Den mächtigsten geistlichen Repräsentanten in Weimar schmerzt vor allem die Goethe-Schiller-Freundschaft. Sie geht, nimmt man es genau, zu sei-nen Lasten. So tut ihm alles weh, was aus der Feder der beiden stammt. Nach einem Hauskonzert im März 1803, zu dem Goethe ihn eingeladen hat, schreibt seine Frau Caroline an Knebel: „Er kann nun einmal diese Sachen nicht vertragen. Das ganze Kon-zert bestand aus Goethe-Schiller-Romanzen." Ob die beiden dem großen Liedersammler Herder den klei-nen Stich extra zugefügt hatten?

Versucht Schillers Büste in der linken Ecke des Raumes wenigstens heute den freundlichen Gruß zur Seite? Aber Herder, der Theologe und Verfasser der „Briefe, die Fortschritte der Humanität betreffend", starrt er nicht unnahbar geradeaus? Er wünscht kei-nen Kontakt. Wie leicht uns doch die Liebe zur gan-zen Welt fällt und wie schwer ein bisschen Sympathie oder Gerechtigkeit für den Nachbarn.

Im sich nunmehr anschließenden Durchgang zum **Gartenzimmer** wartet gleich rechts an der Wand

Goethes Urfreund Knebel auf meinen Gruß. Der alte Quertreiber, heute ziemlich vergessen, vermittelte den Erstkontakt des Bestsellerautors und jungen Anwalts Goethe mit dem fremden Weimar. Als Betreuer der Bildungsreise der beiden Prinzenbrüder Carl August und Constantin von Sachsen-Weimar taucht er am Frankfurter Hirschgraben auf, um den Werther-Autor zu sprechen und ihn mit den Prinzen bekannt zu machen. Dem jungen Frankfurter ist Weimar zumindest dem Wort nach nicht ganz fremd. Er weiß, dass sich dort unter der Regie Wielands literarisch einiges zusammenbraut. Schon deshalb ist er an Weimar-Informationen immer interessiert.

Man weiß, wie die Geschichte weitergeht. Goethe kommt nach Weimar und bleibt für immer. Und Knebel hat sie eingeleitet. Er ist, wenn man so will, der zufällige Cheforganisator der deutschen Klassik.

Als Privatier, Vielleser und Übersetzer verbringt der Major seine Zeit. Zum Entsetzen seiner Umgebung bekennt er sich ziemlich offen zu den Idealen der Französischen Revolution. Seinen Urfreund Goethe überlebt er um zwei Jahre. Seit jenem ersten Händedruck im Goetheschen Frankfurter Elternhaus ist den beiden eine bis ans Ende unzerstörbare Freundschaft vergönnt, selten getrübt und nie gefährdet.

Bin ich morgens allein im Gartenzimmer und ist keine Aufsicht in der Nähe, kann ich mir nicht verkneifen, vor Knebels Medaillon an der Wand die ersten Takte der „Marseillaise", das Kampflied der Französischen Revolution, vorsichtig anzusingen.

Auch hier im Gartenzimmer auf den Gesichtern aller Statuen wieder jene Todesschwermut, die Stolberg beklagt. Man kann sie nicht übersehen.

Es ist etwas Eigenartiges um die nächsten drei Räume, die inmitten des Goethe-Universums am Weimarer Frauenplan als **Christianes Zimmer** ausgewiesen werden. Wie eine eigene, wenn auch heimelige Hinterhofwelt behaupten sie ihren profanen Platz innerhalb der Akropolis.

Ist es die nachträgliche museale Gestaltung oder die Anordnung der Räume, die den schmalen Hauswinkel zum Minimuseum des schlechten deutschen Kulturgewissens gegenüber Christiane von Goethe erhebt? Noch immer hat man das Gefühl, hierher ziehe sich die Hausherrin zurück, wenn vornehme Gäste wie die von Humboldts, von Arnims, Varnhagens und andere den Frauenplan besuchen. Ihr ist es wohl sogar lieber, bei einer Flasche Wein den Flügen von Augusts Tauben vor dem Fenster zu folgen, als den Höhenflügen der Gäste lauschen zu müssen.

Vermutlich leben Christiane und der vierjährige August hier auch in jenen vierzehn Tagen des Spätsommers 1794 im häuslichen Untergrund, als der neue Freund des Hausherrn, Friedrich Schiller, für vierzehn Tage zu Gast ist. Seine großzügige Briefbitte, „daß Sie in keinem einzigen Stück Ihrer häuslichen Ordnung auf mich rechnen mögen", führt in Wirklichkeit natürlich zu den größten Problemen (wie es stets bei sich selbst als „völlig problemlos" einstufenden Gästen der Fall ist!).

Die von Schiller beschworene häusliche Ordnung am Frauenplan muss immerhin so radikal umgeworfen werden, dass Christiane und der kleine August angesichts der „sittlichen Empfindsamkeit" des Gastes für die ganze Zeit unsichtbar bleiben, „versteckt" in diesen Räumen. (Man sieht den flüsternden Hausherrn Goethe förmlich mit einem per Finger symbolisierten „Psst, da bin ich, er schläft immer noch!" des Vormittags mehrfach um die Ecke lauern, um wenigstens August hin und wieder zu drücken.) Was sind wir Menschen doch immer wieder für Höflichkeits- und Rücksichtsnarren. Spricht es eigentlich für oder gegen uns?

August, der Sohn des Hauses, wartet gleich um die Ecke **im ersten Zimmer** der Räume seiner Mutter (ihm gegenüber die Eltern in zwei in jeder Hinsicht gewaltigen Porträts).

Heute darf er sich wieder zur Mutter bekennen. Während seiner Ehe mit Ottilie von Pogwisch war alles Vulpius-Mütterliche tabu. Es diente lediglich zum Nachweis für die schlechten Seiten Augusts, zum Beispiel für seinen maßlosen Alkoholkonsum. So haben wohl, im Gegensatz zu uns, ausgerechnet die Enkel Walther, Wolfgang und Alma die heute weltbekannten Christianen-Zimmer nie als Zimmer ihrer Großmutter kennen gelernt. Wir, die gegenwärtigen Besucher, stehen der Frau des Hauses näher als ihre eigenen Enkel.

Nur August und der Vater wussten um diese Zeit (und sie wussten es so gut!), wie viel Glück und Geborgenheit von diesen Räumen einst ausgegangen waren. Ob auch er, der Vater, sich dem Schweigen über die Gattin unterwarf? Ob es nicht doch gelegentlich aus seinem Mund gegenüber den Enkeln Sätze wie „Eure Großmutter, Papas Mutter, hat immer gesagt ..." gegeben hat? Hoffentlich war sie ihm nicht ganz verloren gegangen, die Fähigkeit des „Dann kommen sie eben mit uns!", die ihm einst so bezaubernd eigen gewesen war.

Die tolerante Verantwortungslosigkeit der Eltern gegenüber dem heranwachsenden Kind lässt hinsichtlich der allgemeinen Klugheit, die in diesem Hause wohnt, erstaunen. Dem Vierjährigen will der Vater aus Frankfurt eine Spielzeugguillotine besorgen, die nach der Französischen Revolution auf den Markt gekommen, aber in Weimar noch nicht zu haben ist. (Ausgerechnet er, der Verächter, ja lebenslang in Panik geratende Kommentator der Französischen Revolution, will seinem Sohn dies Spielzeug besorgen!) Die Großmutter in Frankfurt, wegen der Beschaffung bemüht, macht aber nicht mit. Entrüstet schreibt sie den Eltern an den Frauenplan: „... eine solche infame Mordmaschine zu kaufen – das thue ich um keinen preiß ..." Und nachdem sie den Herstellern „Halseißen" als Strafe wünscht, hält sie ihrem sonst doch so humanen Menschheitserzieher vor: „... die Jugendt mit so etwas abscheuliches spielen zu laßen – ihnen Mord und Blutvergießen als einen Zeitvertreib in die Hände geben – nein da wird nichts draus."

Da ist die offenkundig sorglose Integration des Kindes in den Alkoholgenuss der Eltern. Sie wird später teuer bezahlt, und nicht ohne Beigeschmack schreibt der Vater dem Studenten nach Heidelberg, dass man inzwischen „in allem etwas mäßiger als vorm Jahre, besonders auch was den Wein betrifft", lebe. Und er mahnt August, den geübten Weintrinker: „... daß du dich auch vor diesem so sehr zur Gewohnheit gewordenen Getränk in Acht nimmst, das mehr als man glaubt einem besonnenen heitern und thätigen Leben entgegen wirkt."

Wie beruhigend, dass es dem großen Weisen am Frauenplan nicht anders geht als allen Eltern der Welt und auch er die bösen Geister, unter die Sohn oder Tochter nach der Sorge der Eltern stets geraten könnten, durch eigenes Opfer, eigenen Verzicht bannen möchte. Die Angst „des Heimsuchens der Sünden der Väter bis ins dritte und vierte Glied" an den Kindern, jene alttestamentarische Drohung und eine der ältesten Sorgen der Welt, hat auch ihn nicht verschont.

Wie sehr ihm die Ruhe im Haus ohne den Jungen zu Herzen geht, berichtet Mutter Christiane dem Studenten nach Heidelberg. „Die erste Zeit hat er fast nichts gegessen", klagt sie.

Und wie es ihr geht, verschweigt sie auch nicht, denn „um 11 Uhr ist mir immer als müßtest Du aus der Schule kommen, und ich sehe mich immer nach Dir um ..."

Fehlt ihr der Mitverschworene der Hinterzimmer gegen die erlauchten Gesellschaften des Vorderhauses?

So, wie das Bild ihn hier zeigt, so sieht er aus in jenen Jahren mit seinen „rothen Backen", unter denen er sehr leidet.

Schnell noch einen Blick auf „Mutters Gipsbüste" an der Stirnwand. Sie wirkt so feierlich. Nie war Christiane von Goethe diese Feierlichkeit eigen, als sie hier schaltete und waltete. Sie war siebenundvierzig, als man sie modellierte. Weisser, der Bildhauer (von ihm stammt Goethes einzige Lebendmaske), hat sich entschieden, den gänzlich unklassischen Bettschatz ins Klassische zu erheben. Er wird seine Gründe gehabt haben, und ihr wird es nicht unangenehm gewesen sein. Wir lieben ja die (leider so seltenen) schönen Bilder überaus, die andere, gleichgültig ob freiwillig oder aus anderen Gründen, von uns machen.

In der **großen Stube** nebenan gilt mein Blick dem inzwischen weltbekannten Silberhochzeitsgruß in der Vitrine. Nebenbei während der Reise in Ilmenau aufs Papier gebracht und im Umschlag nach Hause geschickt, erobert das unscheinbare „Ich ging im Walde / So für mich hin" die deutsche Sprache wie kaum ein anderes Gedicht. Hat jemals eine Frau ein so folgenreiches Silberhochzeitsgeschenk bekommen?

An der Wand zum Garten findet sich Meyers Bild von Christiane mit dem kleinen August. Er ist drei Jahre alt auf der Zeichnung. Meyer, Goethes schweigender Freund, der Kunsttheoretiker und Zeichenlehrer, war kein großer Maler. Ich schätze seine Kunstgeschichte, seinen lauteren Charakter, seine Goethe-Unverzichtbarkeit, selbst sein Grab auf dem Historischen Friedhof ist mir heilig, aber als Maler war er, wenn überhaupt, furchtbar durchschnittlich. Ihm lag das Kopieren, da war er gut.

Im letzten der Räume, **Christianes Wohnzimmer** genannt, schläft die junge Geliebte in der kleinen Zeichnung über der Sitzbank auf dem Sofa. Goethe hat sie dabei gemalt. Die unscheinbare Bleistiftzeichnung stammt aus der Zeit der ersten Liebe. Nur dann fertigen wir solche Zeichnungen von uns an.

Sie wird in jenen Tagen tatsächlich oft in seiner Nähe eingeschlafen sein. Auch eine Zwanzigjährige braucht trotz aller Verliebtheit und Neckerei Schlaf.

Über den Flur, an der Treppe und dann an der **Kleinen Küche** vorbei, geht es nach wenigen Metern ins **Große Sammlungszimmer**. Carl August überwacht es mit seinem mächtigen Konterfei an der Wand. Aber nicht ihm gilt mein Gruß. Ich suche seine Gattin Louise, die neben der Eingangstür bescheidener in den Raum blickt.

Sympathisch ist sie mir eigentlich nicht. Ein unaufgeklärtes Kind ihrer Zeit (immerhin einer Zeit, die durchaus schon von philosophischer wie politischer Aufklärung berührt ist), in penetranter Weise dem höfischen Leben so verpflichtet, dass selbst die eigene Familie darunter leidet. Dennoch beeindruckt sie als Frau und Gattin.

An Carl Augusts Seite gerät die zurückhaltende Fürstin in eine Rolle, die sie zunehmend in Depressionen treibt. Der Herzog, ihr innerlich zugetan, kann die notwendigen äußeren Spielregeln seiner Ehe nicht einhalten, wenn ihn der Landesvatertrieb überkommt. Und die Ehefrau? Sie wird schwermütig. Was sonst bleibt ihr? Etwa den Lakaien nachstellen? Dazu ist sie nicht in der Lage.

Ich zitiere in diesem Raum gern mit Blick auf beide Goethes interessanten Kommentar gegenüber Kanzler von Müller, als Carl Augusts Mätresse Caroline Jagemann ihn, Goethe, aus der Theaterführung gedrängt hatte.

„Es ist unglaublich, wie der Umgang der Weiber herabzieht", hat er damals geschimpft. (Schön, dass im zweiten Teil des Faust demgegenüber das göttliche Wort vom „Ewig-Weiblichen", das uns „hinan" zieht, zu finden ist! Wer wollte entscheiden, wann genau es im Leben der Geschlechter im Umgang miteinander „herab" oder „hinan" geht?)

Wie lebt man im Schloss miteinander unter diesen Bedingungen? Verabschiedet sich Carl August nach gemeinsamen Repräsentationspflichten, die eingehalten werden, etwa mit dem platten Satz „Ich geh' dann mal rüber" von seiner Frau?

Sie wahrt, innerlich verzehrt, sogar Haltung gegenüber der attraktiven Schauspielerin, wenn man sich in der engen Residenzstadt begegnet.

Ist sie einerseits vielleicht sogar froh, den rauen Gatten mit seinem Schlafzimmer-Hunde-Terror nicht dauernd um sich dulden zu müssen? Der Herzog trennt sich bei Tisch und Bett ungern von den Tieren. Goethe, der alte Hundehasser, ist natürlich auf ihrer Seite und versucht zu vermitteln; allerdings erfolglos. Andererseits ist die Demütigung der ehelichen Bettflucht kaum auszuhalten. Ist sie doch auch öffentlich beliebtes Gesprächsthema.

Stehe ich vor ihrem Bild hier im Großen Sammlungszimmer, ehre ich in ihr den bewundernswerten Typus der starken Frau, der es gelingt, auf welch bittere, zynische oder sonst leidende Weise auch immer, der brüchigen Zuverlässigkeit des eigenen Gatten durch verdoppelte weibliche Würde standzuhalten. In gewisser Weise ist es ja vielleicht sogar ein Millionenschicksal, und keineswegs nur ein historisches.

Im **Majolikazimmer** steht ursprünglich das Doppelbett des goetheschen Hauses. Erst nach dem Tod Christianes im Juni 1816 nimmt das bisherige Schlafzimmer die von einem Nürnberger Händler erworbene Keramiksammlung, die Majoliken, aus dem 16. Jahrhundert auf.

Dass heute ausgerechnet Büsten von Kaiserinnen und Königinnen das Ehebett der Familie bewachen, entbehrt nicht der Ironie. Wollen sie, die zumeist in langen dynastischen Zwangsehejahren oft genug mit der Qual des Doppelbettes Gesegneten, ein wenig lernen von der erträglichen Leichtigkeit des Seins unter dem goetheschen Plumeau?

Wenn wir uns an dieser Stelle anständig benehmen, wenn wir es ehrlich meinen, dürfen wir uns über den ehelichen „Genius loci", platziert auf dem Podest im hinteren Teil des Raumes, ein paar Gedanken machen. Goethe selbst war in dieser Hinsicht nie zimperlich. Ständig mussten andere ihn bremsen.

Es hat ihm ja, zum Leidwesen von lutherischen Bischofsgattinnen und ethisch ungewöhnlich hoch stehenden Studienräten, einfach Spaß gemacht (und das in jedem Alter!), künstlerisch mit dem Schlüpfrigen zu paktieren. Angefangen vom gar nicht harmlosen „Hans Liederlich" im Faust bis hin zum bedenklich abgründigen Gedicht „Das Tagebuch", das erst dreißig Jahre nach seinem Tod in einem anonymisierten Privatdruck erscheinen kann und den Lesern einiges zumutet.

Sollen wir, mit den reinsten Absichten, uns somit nicht ein Viertelstündchen auf die Bettkante setzen dürfen? Wer wird es übelnehmen wollen?

Denn wer interessierte sich nicht fürs Menschliche? Und hier hat es sich offenbart, jenes Menschliche in Goethes Leben. Hier hat sie sich abgespielt, die Weisheit des Doppelbettes (das zu jener Zeit seinen heutigen Namen sicher noch gar nicht verdient). Hier hat sich bestätigt, was Henrik Ibsen, der vielleicht gefährlichste Seelenkenner der Weltliteratur, vermutet: dass nur eine Frau den Mann dahin bringen kann, wo Gott ihn haben will.

Dass zwei Menschen beieinander bleiben, welcher Kraft bedarf es? Spricht nicht stets genau soviel dafür, dass sie es nicht tun sollten? Wie können sie es verantworten, jener Glückseligkeit zu entsagen, die möglicherweise außerhalb dieses Beisammenbleibens ihrer wartet?

Abgesehen von den Prämissen, die Zeit und Umstände ermöglichen und erzwingen, verdankt sich das Zusammenbleiben letzten Endes nicht immer auch einem verschmitzten Sieg über die Fährnisse der menschlichen Psyche? Und ist dieser Sieg nicht zumeist kluger weiblicher Strategie zu danken? Man muss wohl auch hier, in diesem Schlafzimmer, davon ausgehen.

Goethe ist keineswegs gleichgültig gegen häusliche Stabilitäten. Wilhelm von Humboldt lässt sich einmal bissig darüber aus. Als er und Goethe in Karlsbad sind, gehen dem Dichter die guten Bekannten bald auf die Nerven. Er schwärmt Humboldt von den „Annehmlichkeiten Weimars" vor, unter anderem von der Lebensgefährtin Christiane. Humboldt berichtet daraufhin spöttelnd seiner Gattin: „Das ist eins der schrecklichsten Dinge in der Ehe, daß Mann und Frau ... sich durch Gewohnheit und die Befriedigung kleiner physischer Bedürfnisse so herabstimmen, daß sie das Mittelmäßige und sogar das Gemeine gut und selbst unentbehrlich finden." (Auch für Humboldts Gattin sicher eine interessante Botschaft.)

Es sind ja tatsächlich vielleicht nur ein paar Humboldtsche Mittelmäßigkeiten, die die Weisheit des Doppelbettes ausmachen.

Zum Beispiel diese: Hier erzählt Christiane ihrem Gefährten, was er gern hört. So entlarvt sie ganz nebenbei den mächtigen Publikumsrivalen Jean Paul, indem sie von dessen „Methode" berichtet, die sie durchschaut hat. Sie hat ihn beobachtet, den Frauenautor, dem nicht nur die bürgerlichen Röcke zu Füßen liegen.

Bei einer Freundin, mit der sie gelegentlich näht, ist sie ihm begegnet. „Aber, unter uns gesagt, er ist ein Narr; und ich kann mir nun denken, wie er bei den Damen Glück gemacht!", lautet ihre Beobachtung.

Wie wird es ihn gefreut haben, vom Narrentum des beängstigend erfolgreichen Rivalen zu hören. (Selbst Herzoginmutter Anna Amalia war ihm verfallen und hatte zu Goethes Leidwesen auch noch die Patenschaft für die Tochter des doch nur kurzzeitigen Neuweimarers übernommen.)

Christiane wird nicht gespart haben mit ihren Eindrücken. Für sie gibt es nur einen Helden. Was fördert Männer mehr, als von Ehefrauen testiertes Heldentum? Das braucht auch er. Und sie hat es längst erkannt. Wie ausgelassen er nach solchen Geschichten ist.

Natürlich zahlen auch Goethe und Christiane an der Hypothek, die der Gebundene stets zu verzinsen hat, nämlich dass der geliebte Partner inmitten aller Zuneigung und Bindung gleichzeitig auch immer Repräsentant aller verhinderten Lebensmöglichkeiten bleibt. Wie soll es möglich werden, die erträumte Südseeprinzessin oder auch nur die unvergessene Schulfreundin noch zu bekommen, wenn doch der Partner jedes Recht auf Südseeprinzessin und Schulfreundin ausschließt? In seiner Person bleibt offenbart, was uns im Leben nicht mehr möglich sein wird. Dies allein macht den Partner immer auch schuldig, gleichgültig, wie groß Glück und Geborgenheit sich an seiner Seite gestalten mögen.

So lauert auch in diesem Alkoven Verrat. 1796 ist so ein Jahr. Wie zehn Jahre zuvor, entschließt er sich zu einer neuen Flucht nach Italien. Mit dem Freund Meyer will er sich dort für unbestimmte Zeit neu orientieren. Meyer ist bereits aufgebrochen, um die Lage in Rom zu sichten. Monatelang steht die Wahl auf Messersschneide: Christiane oder Italien?

Was treibt ihn? Was macht Christiane und den sechsjährigen August plötzlich zur Verfügungsmasse?

Er geht auf das fünfte Lebensjahrzehnt zu. Seit etwa acht Jahren sind sie zusammen. Und da ist kaum eine Partie in Deutschland, die er nicht machen könnte, ginge er es ernsthaft an.

Die Gedichte, die in diesen Monaten entstehen, sprechen eine erschreckend deutliche Sprache.

Leicht fällt ihm der geplante Ausbruch diesmal nicht. Er hängt ja mit allen Fasern an dem kleinen August, und wie eigentlich soll er auf das zuverlässige Glück des Doppelbettes verzichten können?

In seiner inneren Not spielt er Varianten literarisch

durch. So hat er es immer gemacht. Ihm gab doch ein Gott, zu sagen, was er leidet.

Und während er am ersten und zweiten Juni mit Christiane und August in Dornburg äußerlich entspannte Tage genießt, übergibt er die Geliebte innerlich dem Scheiterhaufen. Und in der Heiterkeit dort oben in der Dornburger Schlossidylle über der Saale mit ihrem „Iss noch ein Stück Kuchen, Gustel" und „Schenk noch ein Glas ein, Christiane" entsteht gleichzeitig in seinem Kopf die schaurig-feurige Gestalt der „Braut von Corinth", die er zwei Tage später zu Hause zu Papier bringt. Und vermutlich muss er ständig auf der Hut sein, um die sich formenden Verse wie „Höre, Mutter, nun die letzte Bitte: / Einen Scheiterhaufen schichte du" nicht mit den „Gustel, nicht soviel Zucker"-Floskeln zu verwechseln.

Und als ob die erste Vernichtung noch nicht reichen würde, überliefert er die Geliebte nach zwei weiteren Tagen noch einmal den Flammen. Am sechsten Juni entsteht „Der Gott und die Bajadere". Auch darin das tödliche Happy-End für die verzehrende Liebe: „Und mit ausgestreckten Armen / Springt sie in den heißen Tod."

Dann die Wende. Es ist kaum zu glauben, aber zeitgleich in jenen Junitagen 1797, in denen er innerlich zweimal den Bettschatz vom gemeinsamen Lager auf den Scheiterhaufen gezerrt hat, vollendet er mit „Hermann und Dorothea", der Liebes- und Familienidylle schlechthin, sein neben Faust und Werther erfolgreichstes Werk. Es wird für etwa einhundertfünfzig Jahre (ziemlich genau bis in die 50er Jahre des 20.

Jahrhunderts, dann ist die Kraft verbraucht) der Beziehungskatechismus der deutschen Seele. (Wunderbar die Illustration „Hermann und Dorothea am Brunnen" aus dem 7. Gesang, heute neben dem Bett im Alkoven, die auf welche Weise auch immer in dieses Zimmer gelangte!)

Am 8. Juni geht das Manuskript, dessen Schluss gleichzeitig mit den beiden „Feuerballaden" entstanden ist, an den Verleger nach Berlin. Und in den letzten Versen des großen Gedichts hat er die Sicherheit und das Glück seiner kleinen unheiligen Familie endgültig aus den Flammen der beiden Balladen gerettet.

„Du bist mein; und nun ist das Meine meiner als jemals. / Nicht mit Kummer will ichs bewahren und sorgend genießen, / Sondern mit Mut und Kraft", lässt er den jungen Bräutigam Hermann das gefährdete Bündnis besiegeln.

Die Flucht nach Italien entfällt. Dafür geht es Ende Juli zunächst mit Christiane und August für einen Monat nach Frankfurt zur Mutter. Sie lernen endlich die Großmutter kennen und lieben. Er reist noch für ein paar Wochen weiter zu dem Hausgenossen Meyer in die Schweiz, um unterwegs und in Zürich alte Bekannte zu treffen. Von einer Flucht kann keine Rede mehr sein.

Sie schreiben sich in all den gemeinsamen Jahren selbst bei kurzfristiger Trennung Briefe, die auch heute noch mit Erstaunen zu lesen sind. Dass ihr das Flirten gar keinen Spaß macht, wenn er nicht in der Nähe ist, versichert sie einmal. Und er fürchtet sogar, dass er sie an einen anderen Mann verlieren könnte.

Es berührt immer noch, was er ihr da aus dem Lager vor Verdun geschrieben hat: „Behalte mich ja lieb! Denn ich bin manchmal in Gedanken eifersüchtig und stelle mir vor: daß Dir ein andrer besser gefallen könne, weil ich viele Männer hübscher und angenehmer finde als mich selbst. Das mußt Du aber nicht sehen, sondern Du mußt mich für den besten halten, weil ich Dich ganz entsetzlich lieb habe und mir außer Dir nichts gefällt."

Vier Jahre sind sie zusammen, als er diesen Brief schreibt. Er schreibt solche Briefe auch noch zwanzig Jahre später. Sie verlieren nichts an Zärtlichkeit, die beiderseitigen Briefe, sie nehmen eher darin zu. „Die Liebe das beste!", heißt es am 7. Juni 1815, ein Jahr vor Christianes Tod, am Schluss seines Briefes aus Wiesbaden. Er hat die vier Wörter unterstrichen.

Wenn es so etwas wie Eheintelligenz gibt, sie müssen sie besessen haben. „Die Ehe war eine zufriedene, Keiner störte den Andern", erinnert sich eine Professorengattin, die gelegentlich Umgang mit beiden pflegte.

Auch das muss man können. Ist es nicht eher bürgerliche Lebensregel, den anderen aus besten wie niedrigsten Motiven Jahr um Jahr zu „stören", ihn mit liebevollster Fürsorge klein zu halten, um ein möglicherweise noch so bescheidenes solitäres Glück ja nicht neben dem gemeinsam verpflichtenden dulden zu müssen?

„Du weißt, daß wir deine liebe Gemahlin wirklich geschätzt haben", schreibt Urfreund Knebel nach dem Tod Christiane von Goethes. Auch deshalb stimme ich immer gern mit ihm im Gartenzimmer die Marseillaise an.

Im **Deckenzimmer** nebenan wartet auf dem Eckschränkchen die Büste Herzogin Anna Amalias. Martin Gottlieb Klauer, der mehrere Bildnisbüsten der Herzoginmutter anfertigte, hat sie gemacht.

Klein, bescheiden und alt residiert sie hier in der Ecke des Zimmers. Mir ist sie eine der liebsten aus der Sachsen-Weimar-Familie. Bin ich in Wolfenbüttel in der Nähe des Schlosses, sehe ich die Prinzessin von Braunschweig-Wolfenbüttel immer im Hof spielen.

Der Heirat der Sechzehnjährigen mit dem zwei Jahre älteren Prinzen und früh verstorbenen Herzog Constantin verdanken wir immerhin das Weimar, das sich heute der Welt darbieten kann.

Mit Goethe versteht sich die zehn Jahre ältere Fürstin ausgezeichnet. Er habe „mit der Herzogin-Mutter ... sehr gute Zeiten", schreibt er einer Vertrauten. Sie honoriert seinen wundersamen Einfluss auf den jungen Regenten Carl August, dem sie planmäßig zum 18. Geburtstag die politische Verantwortung abgetreten hat.

In mütterlicher Solidarität berichtet sie sogar häufig nach Frankfurt an Mutter Goethe, was deren „Dr. Wolf" in Weimar alles auf die Beine stellt. Es interessiert inzwischen schließlich ganz Deutschland. Und Anna Amalia ist jung und agil genug, um alles nach Kräften mitzugenießen. Sie bleibt, mit sichtbarer Distanz zur viel zu ernsten Schwiegertochter Louise, der belebende Geist Weimars im Hintergrund.

Draußen in Tiefurt schafft sie sich ein eigenes Reich, in dem auch äußerlich die Musen den Ton angeben. Man betritt ihr überschaubares Arkadien besonders in den lichten Jahreszeiten noch heute mit einem kleinen Glücksschub. Auge und Herz signalisieren mit Verwunderung, wie ungewöhnlich gut Natur und Mensch es hier miteinander getroffen haben.

Man ist Anna Amalia mit einer seltsamen Geschichte zu Leibe gerückt. In sensationsheischendem Enthüllungsstil ist von einem Verhältnis der Herzogin mit dem jungen Weimarer Goethe die Rede. Charlotte von Stein, die Empfängerin der mehr als anderthalbtausend Zettelchen, Briefe, Gedichte und sonstigen in jeder Silbe ihres Namens gehauchten Liebeserklärungen, soll lediglich „Botin" zwischen dem Liebhaber Goethe und der Herzogin gewesen sein. Die historischen Belege des Liebesverhältnisses zwischen dem Dichter und Charlotte von Stein sind jedoch so offenkundig und jeder anderen Lesart entzogen, dass mit ähnlicher Sensationsmethode wohl auch „nachzuweisen" wäre, Christiane von Goethe habe mit Herzog Carl August im Konkubinat gelebt. (Alle anderen Weimarer Goethe-, Schiller-, Wieland-, Herder-, Charlotten-, Louisen-, Christianen-, Carolinen-Kombinationen wären nach dieser Methode ebenfalls beliebig „nachweisbar".) „Mondschein im Kasten", nannte Goethes Mutter im Briefaustausch mit der Fürstin in ihrer blumigen Sprache solche Kuriositäten.

Nebenan das **Junozimmer**, unübersehbar regiert von dem Kolossalkopf der Juno Ludovisi am Fenster.

1823 kam sie hierher und beeindruckt seitdem jeden Gast, der den Raum betritt. Ihr Marmororiginal, das Goethe in Rom sah, stammt aus dem ersten Jahrhundert unserer Zeitrechnung. Am liebsten beobachte ich sie von der Altweimarischen Bierstube gegenüber aus. Man sieht von dort ihr unsterbliches Profil hinter der Fensterscheibe und kommt ihr auf diese Weise nicht zu nahe wie jetzt, wenn man neben ihr steht. Sie, die Erhabene, von Goethe einem „Gesang Homers" verglichen, bedarf unseres Gesangs nicht. Man ehrt sie am besten durch Distanz. (Aber auch hier ist die Suche nach der antiken Schwermut nicht uninteressant!)

Den Hammerflügel aus der Werkstatt von Schillers Jugendfreund Andreas Streicher überlasse ich (trotz Felix Mendelssohns begeisternden Vorspiels!) am liebsten der polnischen Pianistin Maria Szymanowska.

Den Liebesteufel von Marienbad, der ihn in so sanftem Galopp geritten hatte, dass alle Welt bis heute darüber raunt, trieb er mit diesem bezaubernden polnischen Beelzebub aus.

Die selbstbewusste polnische Schönheit ist fast doppelt so alt wie die jugendliche Ulrike von Levetzow, die Goethe in den böhmischen Bädern umworben hatte. (Natürlich hat er von Anfang an gewusst, dass das Thema, die Liebschaft des Vierundsiebzigjährigen zur Neunzehnjährigen, für alle Zeit mit seinem Namen verbunden bleiben würde. Möglicherweise hat ihn das sogar gereizt.)

Nach der Niederlage des greisen Liebhabers ermöglicht sie dem Dichter mit ihrem Spiel die Antwort auf seine Frage: „Wer beschwichtigt, / Beklommenes Herz, dich, das zu viel verloren?"

„Den Götter-Wert der Töne wie der Tränen" kann sie ihm als Ersatz für die unerreichbare jugendliche Unschuld bieten. Und er nimmt das Geschenk dankbar an.

Das einzigartige Drama in Marienbad hatte die polnische Pianistin persönlich miterlebt. Und wer weiß, mit wie viel Eifersucht auf die Neunzehnjährige?

War der Besuch wenige Wochen danach vielleicht nur ihre Eifersuchtsschlacht? Wer könnte einer Frau da trauen? Ein Scharmützel dieser Kriegserklärung der Vierunddreißigjährigen gegen die Jüngere muss sie gewonnen haben. Denn als sie ihn Anfang November verlässt, bricht er wieder in Tränen aus „und sein Blick begleitete sie noch lange, als sie durch die lange offene Reihe der Gemächer entschwand", berichtet Kanzler von Müller.

Meine eigentliche Adresse im Junozimmer aber grüßt längst am anderen Ende des Raumes neben der Meyer-Kopie der wandbeherrschenden „aldobrandinischen Hochzeit" (von der niemand außerhalb des Goethehauses Kenntnis haben muss, ohne Schaden an seiner Bildungsseele zu nehmen; Meyer hat das Gemälde kopiert).

Der von der Wand forsch die Junozimmer-Gäste fixierende Musiker, Komponist und Bauunternehmer Karl Friedrich Zelter verdankt seinen Einzug am Frauenplan der Vertonung von Goethe-Gedichten. Sein Geheimnis dabei, am Frauenplan sensibel wahrgenommen: dem Wort des Gedichts nicht zu nahe zu treten, es schon gar nicht zu übertönen. Die Nachwelt dankt es ihm manchmal mit dem Vorwurf, den Freund Goethe von der „modernen" Musik, vor allem von Schubert und Beethoven, ferngehalten zu haben. In Wirklichkeit kann davon keine Rede sein.

Es gibt kaum einen selbständigeren Musikkenner in jener Zeit als Goethe. Der ausgezeichnete Klavier- und Cellospieler, erstklassige Bass-Sänger und sogar gelegentliche Komponist bedarf keines musikalischen Vormunds. Und auch die immer wieder bemühte Ignoranz gegenüber Schuberts Vertonungen seiner Gedichte ist keineswegs Zelters konservativem Einfluss geschuldet, sondern resultiert lediglich aus dem Generationsabstand, der damals wie heute musikalische Vorlieben und Abneigungen prägt. (Dennoch auch dies eine bemerkenswerte Schicksalskapriole: dass der Lyriker Goethe heute auf den Bühnen der Welt fast ausschließlich in Begleitung des von ihm ignorierten Franz Schubert auftreten muss!)

Aus den ersten zaghaften Annäherungsschreiben des Komponisten Zelter im September 1799 entwickelt sich ein Briefwechsel, eine Freundschaft, ein Austausch, ein Sprach- und Gedankenfeuerwerk über drei Jahrzehnte, die ihresgleichen suchen.

Pfingsten 1822 kann Zelter wieder einmal aus dem Vollen schöpfen. Er sitzt sozusagen mittendrin, und zwar im niederlausitzischen Herrnhut, dem Stammort der weltweiten Herrnhuter Brüdergemeine des Grafen Zinzendorf.

Zelters Blick auf das fromme Herrnhut, in dem es von Predigern, Schwestern und Brüdern, Hilfsbereitschaft, Anstand und Toleranz („ein Wort, das ich nicht leiden kann, als wenn man einander nicht ertragen müßte", Zelter in seinem Brief) nur so wimmelt, wird erst nach einem Tag fündig. Und schon hat er sein eigenes kleines Damaskus-Erlebnis, das mit Genuss nach Weimar berichtet werden kann.

Endlich ist etwas passiert, was ihm in diesem irdischen Jerusalem gut gefällt, nämlich: „Gestern abend um zehn Uhr (eine Stunde nach der Liturgie) ging Einer, königlich besoffen, tobend in lustigem Ärger, den Platz entlang durch die Straßen. Das wäre Einer auf Einen Tag. Heute wollen wir wieder hinhorchen: ob wohl 365 fürs Jahr herauskommen mögen."

Es wäre ungerecht, die fast neunhundert Briefe zwischen beiden auf den obigen Unterhaltungswert zu reduzieren. Genauso ungerecht aber wäre es, neben dem Hinweis auf alle Wissenschaft und Klugheit im Detail diesen köstlichen Schmierstoff ihrer Briefe nicht zu erwähnen.

Goethes Ende ist auch Zelters Ende. Nichtsahnend trifft er wenige Tage nach Goethes Tod am Frauenplan ein und spürt an der Atmosphäre, dass etwas Furchtbares geschehen sein muss.

Der Klotz, der angeblich nie im Leben eine Träne geweint hat, bricht beim Tod seines Freundes Goethe zusammen und folgt ihm vier Wochen später, kerngesund und doch ohne Leben.

Seine Berliner Singakademie versammelt sich morgens um sechs Uhr mit vierundzwanzig Sängern an seinem Sarg. So schreiben die Vereins-Statuten es vor. Schleiermacher hält die Predigt.

Aus der „Matthäuspassion", die Zelter mit Felix Mendelssohn Bartholdy nach hundert Jahren Vergessenheit der Welt zurückgeschenkt hatte, singen sie die Strophe „Wenn ich einmal soll scheiden" aus Paul Gerhardts „O Haupt voll Blut und Wunden". Darin heißt es in dem ergreifenden Schlussakt: „Wenn mir am allerbängsten wird um das Herze sein, so reiß mich aus den Ängsten kraft deiner Angst und Pein."

Mit dem Bildnis eines Herzogs schließt das letzte Zimmer die Frauenplan-Front des Goethehauses. Es trägt mit der Bezeichnung **Urbinozimmer** den Namen des abgebildeten italienischen Fürsten, der als Jugendgefährte des italienischen Dichters Tasso gilt. Goethe erwarb das Bild, während er um 1790 an seinem Schauspiel „Torquato Tasso" arbeitete.

Meine Aufmerksamkeit im Urbinozimmer richtet sich jedoch auf etwas anderes. Es sind die beiden Spiegel an der Fensterseite.

Als der elterliche Hausstand in Frankfurt aufgelöst und der Sohn im fernen Weimar aufgefordert wurde, seine Übernahmewünsche anzumelden, bat er sich mit weiteren Erinnerungsstücken auch die beiden Spiegel aus. Wer hineinsieht, tut einen tiefen Blick in die Familie Goethe. Er trifft dabei alle Geister der Vergangenheit wieder.

Sie haben nichts von der „Gefahr, die von einem Spiegelbild ausgeht", verloren. Johann Caspar Goethe, der Vater, den Sitz seiner Zopfperücke prüfend, blickt noch immer zurück. Mutter Aja, erste Falten registrierend, begegnet kritisch ihrem eigenen Bild. Und am meisten fürchtet Cornelia Goethe den Blick in das geschliffene Glas. Er verheißt ihr nichts Gutes. Bruder Wolfgang hat die Spiegelnot der geliebten Schwester beschrieben: „Die Züge ihres Gesichts, weder bedeutend noch schön, sprachen von einem Wesen, das weder mit sich einig war, noch werden konnte."

Die beiden Spiegel sind es auch, die dem Kind Wolfgang die erste Berührung mit seinen Pocken zumuten. „Das Übel betraf nun auch unser Haus, und überfiel mich mit ganz besonderer Heftigkeit. Der ganze Körper war mit Blattern übersäet, das Gesicht zugedeckt, und ich lag mehrere Tage blind und in großen Leiden", erinnert er sich in „Dichtung und Wahrheit".

Ganz scheint sich das Hautproblem der Kindheit nie erledigt zu haben. Von „seinem blassen, mit mäßigen Pockengruben bezeichneten Gesicht" schreibt ein Besucher, der dem etwa Dreißigjährigen begegnet. Selbst Goethes letzter Hausarzt Vogel berichtet nach dem Tod des Dichters in einem Gesundheitsprotokoll ausdrücklich von einer „zu Hautkrisen noch in hohen Jahren sehr geneigte(n) Haut".

Ich kann das Urbinozimmer nicht verlassen, ohne meinen eigenen heimlichen Kontrollblick in einen der beiden Goethe-Elternhaus-Spiegel zu werfen. Ich murmele dabei meinen magischen, von dem Goethe-Verehrer Eduard Mörike formulierten Spiegel-Zauberspruch. Er wird mir mit zunehmender Lebensreife lieber. Ist jemand im Raum, muss ich ihn innerlich murmeln. Ist niemand da und auch die Aufsicht weit, spreche ich ihn halblaut vor mich hin, während ich das von Jahr zu Jahr millimeterweise fortschreitende eigene „Heraustreten aus der Gestalt" (Goethe über das Altern) mit Schmerz oder, an sanften Tagen, mit Melancholie beschwöre.

Mörike hat den herrlichen Satz, den Blick des reifen Mannes auf die eigene Kindheit, in seinem Gedicht „Besuch in Urach" hinterlassen. „Noch immer, guter Knabe, gleich ich dir, / Uns beiden wird nicht voreinander grauen!" lautet er. Oft denke ich dabei, wie schön es wäre, die Spiegelprobe mit dem Alter und Verfall hohnlachenden Satz ein letztes Mal auf dem Sterbebett ausprobieren zu können. Das müsste ein heiteres Hinübergehen sein. Fast so wie das des Schulmeisterleins Maria Wuz im Auenthal, der sich seine verwahrten Spielsachen beim Sterben auf die Bettdecke hatte legen lassen, um sie, die „Schnurr-pfeifereien", stundenlang anzusehen.

Über den Flur geht es nun, einige Stufen hinab, in das Herz des Frauenplans: in die schlichten Arbeits- und Lebensräume, die zu Lebzeiten des Dichters selbst guten Bekannten nicht zugänglich waren.

Über dem Hof befindet sich das **Vorzimmer** die-ser geheimen Hinterhauswelt. Rechts der Blick in die **Bibliothek**, die auf Anhieb als Bibliothek eines Nut-zers und nicht als diejenige eines Buchästheten oder Bibliophilen zu erkennen ist.

Zwischen beiden Fenstern zum Hof steht die Standuhr aus dem Elternhaus in Frankfurt. Dem Neunundsiebzigjährigen kam sie auf allerhand Um-wegen als überraschendes Geschenk ins Haus.

Auf den wenigen Quadratmetern **Arbeitszimmer** (dieser bescheidenen, überwiegend hölzernen Behau-sung, die der Weltgeist sich vierzig Jahre lang als eine seiner zentralen Niederlassungen wählte) sucht mein Blick gern die Brutpflanze am gegenüberliegenden Fenster. Sie ist mit ihrer ständigen Selbstfortpflan-zung ein gutes Symbol der Stätte. Goethe hat ihr ein kleines Werkkapitel gewidmet.

Vor Jahren bot mir ein pfiffiger Verkäufer auf dem Weimarer Wochenmarkt einen Ableger „original aus dem Goethehaus" an. Ich verehre ihn trotz besseren Wissens in dieser Rolle und freue mich, ebenso wie der Botaniker Goethe, an der Energie dieser eigenartigen Blume, der es gegeben ist, sich selbst ununterlassen zu klonen.

Erst 1817 war das Gewächs nach Europa gekommen und hatte viel Aufsehen erregt.

Goethe beobachtet an ihr gleichzeitig „Dulden und Nachgiebigkeit" wie „übermüthiges Vordringen". An den Botaniker Nees v. Esenbeck in Bonn schreibt er: „Warum ich leidenschaftlich diesem Geschöpfe zugethan bin, versteht niemand besser als Sie."

In diesem Raum kommen die meisten seiner literarischen Kinder zur Welt. Hier werden sie geboren, hier werden sie großgezogen. Von hier aus schickt er sie ins Leben. Manchmal sieht er sie nach Jahrzehnten wieder, wenn sie in anderem Gewand, in einer fremden Sprache, an ihren Geburtsort zurückkehren.

Hier liest er bis in die Nacht hinein, die Arme auf ein Tischkissen gestützt, noch im hohen Alter eine unglaubliche Fülle an Fremdwerken als Anregung für die eigene Arbeit. (Er liest ohne Brille, mit der fragwürdigen Gnade extremer Kurzsichtigkeit ausgestattet.) Manches übernimmt er, um es auf seine Weise unsterblich zu veredeln. So verfolgt er für den zweiten Teil des Faust im Juni 1831 das Leben Galileo Galileis.

Aus der herzoglichen Bibliothek hat er in diesen Tagen die deutsche Biographie Galileis ausgeliehen. Sie stammt von dem bereits auf dem Jakobskirchhof ruhenden ehemaligen Bibliothekar und Italienisch-

Lehrer Christian Joseph Jagemann. Goethe hat ihn gut gekannt. Es ist der Vater des jungen Malers Ferdinand Jagemann und der Mätresse Carl Augusts, Caroline Jagemann.

In dem Buch stößt er angesichts des Augenschicksals Galileis auf den Satz: „Der Star verschloß jene sonst so glückliche Augen, welche allein mehr gesehen als aller Menschen Augen, die je lebten ...“ Die Worte nehmen ihn sofort gefangen.

Und so erfolgreich stiehlt und verwandelt er den Satz in den bis heute wunderbaren und unablässig zitierten Faust-Vers: „Ihr glücklichen Augen, / Was je ihr gesehn, / Es sei, wie es wolle, / Es war doch so schön!“, dass selbst der mehr als 1000-seitige Faustkommentar von 1994 ihm nicht auf die Schliche kommt.

Die etwas befremdende Leere des sogenannten **Schreib- oder Dienerzimmers** nebenan ist die richtige Ausgangsbasis für den Blick ins Allerheiligste.

Niemanden lässt das **Sterbezimmer** des ängstlichen Todesverächters Goethe kalt.

Hier hat er sein Alter zelebriert, jenen Lebensabschnitt, der gern als unbedeutende Ausstiegsphase abgewertet wird und dem doch in Wirklichkeit neben der Kindheit geradezu exklusive Relevanz zukommt.

Sind nicht genau genommen vor allem diese beiden Lebensspannen wirklich interessant? Ist nicht erst das bemerkenswert, was mit achtzig, mit neunzig oder gar hundert bleibt? In den sich selbst antreibenden, sogenannten besten Jahren irgendwie über die Runden zu kommen, sich wichtig zu tun und in beflissener Geschäftigkeit an den privaten und öffentlichen Bomben mitzubasteln, auf die es ja meistens hinausläuft, ist in der Regel keine besondere Kunst.

Was hat sich in dem schlichten Hinterzimmer mit dem grünen Sessel vor dem Bett wirklich abgespielt in diesen letzten Jahren?

Wie er mit dem Alter, ohne jede Greisenwitzelsucht und bei allem Bewusstsein um Zahnausfall, Schwerhörigkeit und hundert andere Leiden in heiterer Souveränität fertig wird, äußert er gelegentlich sehr drastisch. (Welcher Macht der inneren Würde zukommt, wenn die äußere mehr und mehr gefährdet ist, hat er oft genug bewiesen. Und dass das in der Jugend „Mit dem Körper leben" sich häufig im Alter in ein „Gegen den Körper leben" wandelt, hat er selbst einmal formuliert.)

„Da ist kürzlich der Sömmering gestorben, fünfundsiebzig Jahr alt. Was doch die Menschen für Dummköpfe sind, daß sie nicht die Courage haben, länger leben zu wollen als lumpige fünfundsiebzig Jahr!", spöttelt der Achtzigjährige gegenüber dem Prinzenerzieher Soret, dessen Gesellschaft er in diesen Jahren gern sieht.

Lässt sich den Worten eine unterbewusste Botschaft entnehmen? Scheint nicht abgesehen von der vermutlich situationsverführten Spritzigkeit der Formulierung (er liebt das Vergnügen des verfremdeten Gedankenblitzes noch genauso wie zur Werther-Zeit!) auch ein wenig jene keineswegs unanständige, aber doch immer ein wenig hämische Überlebenslust durch, die dem Alter nicht fremd ist?

Hat nicht jeder so seine Leute, die er mit einer gewissen Genugtuung gern überleben würde: den Rivalen vom Schulhof, den langjährigen Kollegen im Amt, den kraftstrotzenden oder siechen Nachbarn? Ein großer Teil von Todesfurcht und Depression rührt wohl daher, dass wir erkennen müssen, in diesem oder jenem Fall den Kürzeren zu ziehen.

Ob er an Schlaflosigkeit gelitten hat?

Nie sind wir ehrlicher als in diesen heimlich-lustvollen Nach-Todesstunden nächtlich-morgendlicher Schlaflosigkeit, in denen alles erlaubt ist, jeder Verrat, jede Paradiesverirrung, jede unberechenbare Gottähnlichkeit, die ganze Abgrundsüße unserer Gedanken. Was anders als Kinder solcher Schlaflosigkeiten sind Literatur und Kunst, ist überhaupt alle Kultur?

Nicht nur der Rausch, wie er, Goethe, in jungen Jahren einmal spottete, landet beim Dichter auf dem Papier; wie viel mehr noch die schlaflosen Stunden, die Morgen-Götterdämmerung. Ist sie nicht die Zeugungs- und Geburtsstunde aller großen Werke?

Jedoch, trotz aller Altersaktivität und allem Altersruhm hat Ernst Beutler wohl auch Recht, wenn er darauf hinweist, dass man „sich die innere Einsamkeit von Goethes Altersschaffen nicht groß genug denken" kann. Künstlerisch wie politisch steht er auf ziemlich isoliertem Posten. Seine Werke werden von den Zeitgenossen kaum noch gewürdigt. Die junge Dichtergeneration, die die Richtung vorgibt, hält ihn, bei aller Achtung und Verehrung, für das Fossil einer vergangenen Epoche. Und hat sie so sehr Unrecht damit?

Was sich in der Mansarde bei den Kindern abspielt, ist nicht erheiternd. Manchmal dringt die Ehetragödie von August und Ottilie bis ins Schlafzimmer des Hinterhauses.

Er hört zwar schon schlecht, bekommt aber noch genug davon mit, wenn der betrunkene August und seine wenig beruhigend auf ihn einwirkende Frau in Eherage geraten und die drei Kinder zum Großvater flüchten.

Hilft ihm seine erprobte Maxime „Schwerer Dienste tägliche Bewahrung, sonst bedarf es keiner Offenbarung" auch darüber hinweg? Er war ja lebenslang darauf spezialisiert, Schicksalsattacken jeder Art mit Produktivität in ihre Schranken zu weisen.

Am Vormittag des 22. März 1832, einem Donnerstag, gelang es ihm dann nicht mehr, die alte Regel noch einmal in Kraft zu setzen. Im grünen Lehnstuhl neben dem Bett sinkt er nach kurzem Todeskampf gegen halb Zwölf in den Arm seiner Schwiegertochter. Fast war es ein „Weggeküsst werden", wie der Herrnhuter Graf Zinzendorf das Sterben genannt hat.

Für mehr als ein halbes Jahrhundert fallen Arbeitszimmer und Schlafzimmer mit dem größten Teil des Hauses in einen (unruhigen) goetheschen Dornröschenschlaf. Schwiegertochter Ottilie, dem schweren Erbe ebenso wie dem leichten Leben verpflichtet, befindet sich überwiegend in Geldnot. Die ruhende Immobilie jedoch verursacht Kosten. So residiert eine Zeit lang der russische Geschäftsträger in Weimar, Freiherr v. Maltitz, in einem Teil des Hauses. Über dessen neue, exklusive Raumausstattung und den Wohnfortschritt des Mieters am Frauenplan notiert Goethes ehemaliger Sekretär Riemer bewundernd: „Wenn der Alte so hätte wohnen können!" (Hat er tatsächlich so schlecht gewohnt, darf der heutige Besucher mit Blick auf das weitgehend originale Inventar ein wenig verunsichert fragen.)

Verkaufsverhandlungen der Goethe-Familie mit dem Deutschen Bund – zwecks Erhebung des Hauses zum Nationaldenkmal – scheitern an der unmäßigen Preisforderung der Erben. Ottilie und ihre Kinder wollen eigentlich nur Geld sehen. Der älteste, Walther, spricht in einem Brief an den Bruder Wolfgang von „Goethe-Gerümpel" und versichert: „Du weißt, daß ich weder an Haus, Sammlung noch auch an derlei Andenken sehr hänge."

Erst am Ende eines langen, mühsamen Enkel-Weges übergibt Walther die weimarische Akropolis mitsamt ihren Göttern und Götzen dem Staat und verwandelt damit in einem letzten Lebensakt die jahrzehntelang ebenso erlittene wie gestaltete Enkelschmach in Enkelgröße.

Ein Blick in den heute wie damals bezaubernden **Garten des Goethehauses** ist vom Frühjahr bis zum Herbst möglich. Man gelangt über den schmalen Gang und einige Stufen in das ursprünglich hauptsächlich von Christiane gestaltete Reich. Natürlich hat sie versucht, den Paradiesversuch vom Garten am Stern, in den sie ja zum Schluss so wunderbar geriet, hier heimlich ein wenig fortzusetzen.

Während der Hausherr im Juli 1810 in Karlsbad weilt, berichtet Knebel dem Abwesenden nach einem Besuch am Frauenplan („wo mich Deine Frau mit ihrer gewöhnlichen Liebe und Freundschaft aufgenommen hat"): „Ich habe ein paar der schönsten Frühmorgen in Deinem Garten zugebracht ... und ich würde ihn zu den behaglichsten Winkeln in ganz Weimar rechnen."

Ausgerechnet im Juni, es ist der Sommer 1816, muss die Hausherrin von ihrem Garten Abschied nehmen. Zwar versuchen Kaiserkrone und Rittersporn, Malve und Aurikel sie mit tausendfacher Blütenwonne zurückzuhalten, aber ein neuer, letzter Paradiesversuch, unendlich geheimnisvoller und erhabener als jener im Garten am Stern, verlangt ihre Anwesenheit auf dem Gottesgarten bei der Jakobskirche.

Wenn jedoch heute in der Woche nach Pfingsten zur alle zwei Jahre stattfindenden internationalen Goethe-Tagung oder am Geburtstag des Hausherrn im August aus aller Welt Menschen an den Frauenplan strömen, lässt sie es sich nicht nehmen, noch einmal Haus und Garten zu öffnen, damit die Freunde und Verehrer ihres Gatten sich bis tief in die Nacht zwischen Kaiserkrone, Rittersporn, Malve und Aurikel als ihre Gäste wohlfühlen. Sie weiß, dass es längst auch ihre sind und dass ein Rückzug in die Hinterzimmer nicht mehr notwendig ist.

Noch einmal setze ich mich nach meinem Gang durch Räume und Garten gegenüber dem Haus auf eine der Bänke unter das Weinlaub. Touristen, Neugierige, Spaziergänger, eilige Hausfrauen und Autos beleben jetzt den am frühen Morgen noch gänzlich leeren Platz. Fortwährend betreten und verlassen Menschen das Haus. Manchmal stehen mehrere Schulklassen gleichzeitig vor der Tür.

Aber was sind alle diese Bewegungen und Geräusche auf dem Pflaster des Frauenplans gegen das

Ausrollen der Kutschenräder in der Nacht des 16. Dezember 1792?

Es ist eine Sonntagnacht, und ein überseliger Heimkehrer (er ist nach dem, was hinter ihm liegt, fast ein wenig mit dem heimkehrenden Odysseus verwandt!) entsteigt der Kutsche, während im Haus der Freudenruf „Er ist da, er ist da!" sich breit macht und Christiane mit August unter dem Arm die neue Treppe hinuntereilt.

Sie hat den Dreijährigen gegriffen, weil er selbst noch nicht schnell genug hinunterkommt. Ihr nach, gemächlicher, der bedächtige Kunscht-Meyer, dem der Abwesende Familie und Haus anvertraut hat. Auch Tante Juliane und Christianes Halbschwester Ernestine finden sich, mit respektvoller Zurückhaltung, zur Begrüßung ein. (Ihre Distanz ist vermutlich gar nicht nötig. Wahrscheinlich drückt und herzt er sie genauso wie die anderen, und sicher hat er unterwegs auch an ein kleines Mitbringsel für sie gedacht.)

Ihr aller Schicksal, Christianens, Augusts, der in wenigen Tagen seinen dritten Geburtstag feiert, das der Tante und der Schwester ebenso wie Meyers, ist von dieser Rückkehr abhängig. Nicht auszudenken, ihm wäre etwas passiert. Nie ist eine Heimkehr an den Frauenplan so wichtig gewesen wie diese. Ist es ein Wunder, dass das Umarmen, Drücken und Herzen kein Ende nehmen will?

Sich dem Wunsch des Herzogs beugend, hatte der neue Hausherr inmitten der dringendsten Baumaßnahmen Anfang August an der unseligen Campagne in Frankreich teilnehmen müssen, wo er zum ersten Mal die ekelhafte Poesie des Schlachtfeldes „zwischen Koth und Not, Mangel und Sorge, Gefahr und Qual, zwischen Trümmern, Leichen, Äsern und Scheishaufen" mit eigenen Augen wahrnehmen muss.

Man kann sich vorstellen, wie ihm eine solche freundschaftliche Dienstreise in den Kram passte und wo seine Gedanken während der vier Monate waren, bei allem feierlichen Rollenpathos, das die Umgebung vom berühmten Dichter und Freund des Herzogs erwartete. Erst dreißig Jahre später, 1822, hält er die Erlebnisse des militärisch ebenso sinnlosen wie dilettantisch organisierten Feldzugs autobiographisch fest und jubelt der Welt dabei den zumindest rhetorisch bis heute nützlichen Satz „... und ihr könnt sagen, ihr seid dabei gewesen" unter.

Aber das spielt in jener Nacht des 16. Dezember 1792 alles noch keine Rolle, als er, nun selbst den strahlenden August auf dem Arm, die neue Treppe zum ersten Mal in Augenschein nimmt. Sie ist während seiner Abwesenheit fertig geworden. Und weil das Erzählen kein Ende nehmen will, wird es sehr spät, bis sich das Paar zum ersten Mal im neuen Haus in den Alkoven des heutigen Majolikazimmers zur Ruhe begeben kann.

Noch nach drei Jahrzehnten weiß er sich der besonderen Nacht auf das Schönste zu erinnern. „Meine Ankunft in Weimar ... gab Anlaß zu einer Familienszene, welche wohl in irgend einem Roman die tiefste Finsternis erhellen und erheitern würde", schreibt er in der „Campagne".

Soviel Glück wie in jener Nacht hat das Haus selbst in seinen besten Zeiten nie wieder gesehen. Und vermutlich bezog er die Kraft, zu bleiben, auch von dieser Nacht, von dieser Heimkehr. Es sind immer solche Episoden, die uns zum Durchhalten, manchmal zu lebenslangem Heldentum befähigen. Sie können es, weil wir wissen, dass unser Glück in ihnen deponiert ist. Ihre unversiegbare Kraft hält alles andere zusammen, und Verrat, wohlbedacht oder leichtfertig, ist ihretwegen nicht möglich.

„An den Wassern der Ilm saßen wir und weinten"

Bei den schlafenden Kindern Israels an der Schlossbrücke

Goethes „lieblicher Morgenwind", oft mein verspielter Begleiter zwischen Jakobskirche und Gartenhaus, streicht noch nicht über die Parkwiesen, geschweige denn durch Weimars Gassen. Noch herrscht jene verlegene Stille des Morgens, in der die Engel der Nacht unbemerkt aus den Freuden- und Sterbehäusern dieser Welt in ihre Gefilde zurückhuschen, um sich von dem aufreibenden Dienst zu erholen, zu dem sie geschaffen.

So lässt der Wind mir mein notdürftig präpariertes Tempo-Taschentuch, das ich auf den Kopf gelegt habe, bevor ich die kleine Holzpforte des versteckten jüdischen Friedhofs an der Leibnizallee öffne. Bei meinem frühen Aufbruch aus der Rittergasse habe ich eine Mütze vergessen. Da jüdische Friedhöfe jedoch zu den heiligen Stätten gehören, die nicht ohne Kopfbedeckung betreten werden dürfen, muss ich zu der Notlösung mit dem Taschentuch greifen.

Sollte mich jemand auf dem Weg zur Arbeit in meinem seltsamen Aufzug sehen, kann er beim Frühstück etwas berichten. „Da war so'n Bekloppter auf dem Judenfriedhof, der hatte sich ein Taschentuch auf den Kopf gelegt", könnte er zum Beispiel erzählen. Es ist um diese Zeit aber noch niemand unterwegs.

Ich habe wegen meiner sklavischen Kulttreue kein schlechtes Gewissen. Bewege ich mich doch auf dem Hoheitsgebiet einer Kultur, die wie keine andere der Welt die Auslegung von Gesetzen zwecks deren Umgehung zur nationalen Weisheit erhoben hat (vielleicht gar einer der Gründe für den Vierzigprozentanteil des im Vergleich zur Erdbevölkerung verschwindend kleinen Volkes an den Nobelpreisen aller Disziplinen?). Nichts fördert Wissenschaft mehr als Infragestellung, Widerspruchsgeist, Schlupfwegstrategie, Umgehungsklugheit. Stammt nicht der Schlüsselsatz allen dialektischen Denkens in These und Antithese, jenes Urgeheimnis abendländischen Wissenschafts- und Wirtschaftserfolgs von Daimler-Benz bis zum Tempo-Taschentuch aus der eleganten Schlangenfrage, die das heilige Buch dieses Volkes der Welt geschenkt hat und die da lautet: „Sollte Gott gesagt haben ...?" Mit Vergnügen würde ich deshalb in meiner Aufmachung vor die gelehrtesten und mächtigsten Rabbiner der jüdischen Geschichte treten, um ihrem Richterspruch standzuhalten.

Etwa vor Rabbi Eliezer und Rabbi Jehoschua, die in einem ähnlichen Auslegungsstreit sogar Gott in seine Schranken wiesen, indem sie ihm das Recht absprachen, den Fall zu entscheiden, weil er die Auslegung des Gesetzes in die Hände der Menschen gegeben und deshalb nicht mehr zuständig sei. Gott soll der Überlieferung nach daraufhin fassungslos ausgerufen haben: „Meine Söhne haben mich besiegt! Meine Söhne haben mich besiegt!" (Bleibt uns angesichts der Ungeheuerlichkeiten unserer Kinder anderes übrig?) Ob auch Gott es gar heimlich mag, wenn wir ihn besiegen? So wie wir es bei unseren Kindern mögen? Es gibt ja ein paar, die es versucht haben. Erasmus von Rotterdam zum Beispiel, oder vielleicht Lessing.

Ich bin sicher, dass der Richterspruch der beiden Rabbis angesichts meiner Entscheidung „Entweihung der heiligen Stätte durch Begehen ohne Kopfbedeckung oder Betreten der heiligen Stätte mit einer notdürftig mittels Tempo-Taschentuchs hergerichteten Kopfbedeckung" zu meinen Gunsten ausfallen würde.

Jüdische Friedhöfe sind für die Ewigkeit gemacht. Ein wenig sieht man es auch diesen bescheidenen Quadratmetern Weimarer Erde an. Die Toten und ihre Ruhestätte gehören Gott, und die Frage, ob sie eines Tages wieder zu neuem Leben erwachen werden, ist in der jüdischen Überlieferung nicht endgültig entschieden. Der Tote versammelt sich auf dem Friedhof zunächst zu seinen Vorfahren. Alles andere wird Gott regeln. Zwar hat einer ihrer Propheten, der große Jesaja, ihnen zugerufen: „Erwacht und jauchzet, ihr Bewohner des Staubes". Aber ein anderer hat dagegen das Schattenreich zur letzten traurigen Behausung ohne Hoffnung auf eine Erlösung erklärt.

Also wird Gott in diesem einen Fall die Entscheidung trotz aller Rabbi-Weisheit selbst treffen müssen.

Der Besucher mag der alten Tradition zufolge einen Stein auf ein Grab legen, damit der Tote nicht vergessen sei, so wie in der Tradition des Alten Testaments der Hirte für jedes seiner Schafe als Herdenbuchführung in einem Beutel einen Stein bei sich trägt, damit keines übersehen werden kann.

Ich trage auch zwei Steine bei mir. Alexander Elkan soll einen davon haben, damit er nicht vergessen wird, unabhängig davon, wie Gott entscheiden wird. Ich mag ihn, seitdem ich seine Geschichte kenne. Die Weimar-Chronistin Jutta Hecker hat sie 1957 zuletzt erzählt. Es geht mir immer noch nahe, wie sich der junge Mann aus jüdischem Elternhaus im Januar 1814 in die Reihen der Freiwilligen schmuggelt, die in der Stadtkirche mit dem Heiligen Abendmahl zum Kampf gegen die Franzosen verabschiedet werden. „Fortgerissen von dem allgemeinen Enthusiasmus der Jugend", schreibt Jutta Hecker, möchte er dazugehören und dabei sein, wenn Deutschlands junge Männer Napoleon im Verein mit den Verbündeten die Waffen aus der Hand schlagen. Der Pfarrer hält zwar das Abendmahl zurück, als er den Juden erkennt, spricht über ihn aber den Segen des Gottes seiner Väter Abraham, Isaak und Jakob aus. So marschiert er mit in Richtung Paris, der deutsche Jude Alexander Elkan, und kommt auch heil zurück. Und 1870, als es erneut gegen Frankreich geht (Alexander wartet zu dem Zeitpunkt allerdings schon seit fünf Jahren hier bei den Vätern auf die Entscheidung Gottes), sind seine

Glaubensgenossen wieder dabei. Und auch 1914 marschieren sie wieder mit in Richtung Paris. Stolz und deutsch bis auf die Knochen („Schneidet mich auf, und ihr findet nichts als Deutschland", sagen manche von ihnen), kämpfen sie vom ersten bis zum letzten Tag an allen Fronten des geliebten Vaterlandes (während der deutsche Generalstab mit dem Antisemiten Wilhelm II. an der Spitze – als offiziellen eigenen Beitrag zur Wehrkraftzersetzung? – eine Untersuchung über die vermeintliche Drückebergerei der deutschen Juden in Auftrag gibt!).

Dreißig Jahre später jedoch kann sich kein Alexander Elkan mehr in die Stadtkirche einschmuggeln, um das Abendmahl oder den Segen seiner Väter zu empfangen. Es würde ihm übel bekommen. Er darf auch nicht mehr mit nach Paris, wohin es ja 1940 schon wieder geht, sondern er und seine Glaubensgenossen werden mit Hundepeitschen auf den Ettersberg getrieben, wobei die alten Männer verzweifelt ihre Prothesen vorzeigen, die sie im Ersten Weltkrieg für dieses Land gegen Beine oder Arme eingetauscht haben. Aber es hilft ihnen nichts oder gewährt höchstens ein wenig Schonung, wenn zufällig etwas Restmenschlichkeit in einer der schwarzen Uniformen steckt.

Es war falsch, grundfalsch, gegen Napoleon zu marschieren, sage ich zu Alexander Elkan, dessen Grabstein zwar nicht mehr steht, der aber dennoch hier wartet. Ich finde den Grabstein seines Bruders Julius, des Bankiers, der die Kontoüberziehungen des ganzen klassischen Weimar überwachte. „Wohl kein Bankhaus der Welt wird unter seinen Klienten ... eine solche Zahl stolzer Namen aufzuweisen haben wie das Bankhaus Elkan", heißt es in einer Geschichte des Hauses. An seinem Geldautomaten gegenüber dem Löwenportal des Schlosses – heute die Adresse Burgplatz 3 – sehen wir Goethe, Eckermann (ob er überhaupt ein Konto hatte?), Falk, Hufeland, Hummel, die Steins, Schopenhauers und die von Pogwisch-Sippe ihre Geheimnummern eintippen. 1839 stirbt Julius Elkan am Nervenfieber und wird auf diesem Friedhof begraben. Er hat vorher noch einen bitteren Konkurs erleben müssen. An den Kontoüberziehungen der Genannten wird es hoffentlich nicht gelegen haben.

Unter allen Völkerschlächtern gehört Napoleon zu denjenigen mit den edelsten Absichten, gebe ich dem Napoleonbesieger Alexander Elkan zu bedenken. Zu keiner Zeit ging es den Juden in Europa so gut wie zu seiner Zeit. Als er am Nachmittag des 15. Oktober 1806, einen Tag nach der Schlacht von Jena und Auerstedt, dort drüben im Schloss die Treppe hochstürzte (wer sich im Grab ein wenig aufrichtete, konnte ihn von hier aus sehen), um seinem Riesenreich den weimarischen Zwergenstaat einzuverleiben, bestand Anlass zur Freude für Europas Juden, besonders für die deutschen. Sie waren über Nacht gleichberechtigte Bürger mit allen Rechten geworden. Ein handfestes Wunder in der fast zweitausendjährigen Exilsgeschichte. Es war vorbei mit der babylonischen Gefangenschaft an der Ilm. Und niemand musste mehr, wie seinerzeit in Babylon, an ihren Wassern sitzen und weinen.

Der korsische Kirchenspötter hatte ganz nebenbei organisiert, was sie alle, rechtgläubige Katholiken und rechtgläubige Protestanten, nie geschafft, aber stets verhindert hatten.

Die Aufhebung der Leibeigenschaft und die Einführung der Gewerbefreiheit in den besiegten Ländern; schließlich der Code Napoléon, sein Lieblingskind: alles erstklassige Ideen. Er hatte es auch nicht im Traum nötig, gegen die Juden zu sein, dazu war er zu groß.

Und ihr seid auf der Seite eurer Unterdrücker mitmarschiert, die nach dem Sieg über Napoleon nichts Besseres zu tun hatten, als alle diese Rechte wieder zu kassieren, sage ich. Hätte er damals schon seine auf den blutigen Schlachtfeldern errungene Europäische Union festigen können (die jetzige ist letztlich auch nur das Ergebnis noch blutigerer Schlachtfelder!), wir ständen heute glänzend da in der Weltgeschichte. Und Buchenwald da oben und Auschwitz hätte es nie gegeben. Und die feine französische Lebensart, der die oberen Stände ohnehin ergeben waren, während sie gegenüber dem Volk verlogen gegen das „Undeutsche" wetterten, hätte sie uns etwa geschadet?

Aber da kamen sie alle wieder wie Zieten aus den Büschen. Ernst Moritz Arndt mit seinen bis heute peinlichen Franzosenfressertiraden von Rügen, Theodor Körner mit seiner bluttriefenden Leier von Dresden, Carl August von Sachsen-Weimar-Eisenach mit seiner Bloß-weg-von-zu-Hause-ins-Manöver-Mentalität, schließlich Zar Alexander, Preußens Wilhelm und Metternich in Wien und all die anderen, die sich gern als Väter von unmündigen Völkern aufspielten. Dabei konnten sie ihm nicht das Wasser reichen mit ihrer fortwährenden Zwergenpolitik gegen die eigenen Untertanen.

Wie es aussah, das Regiment der „rechtmäßigen" Landesherrn, hat ausgerechnet Carl August in einem Brief an seine Frau dort drüben im Schloss beschrieben. Als die Hessen nach dem Sturz von Napoleons Bruder Jérôme wieder den früheren Herrscher, Kurfürst Wilhelm I., begrüßen müssen, einen unverständigen, geizigen, hartherzigen, kurz: völlig unfähigen Despoten, schreibt selbst sein fürstlicher Kollege Carl August nach Hause, dass der Hesse sich in der noch immer „sehr französischen Umgebung" derart lächerlich ausnimmt, dass seine Frau, die Kurfürstin, den Wunsch hegt, „ihr Gatte möge der Regierung entsagen, weil er alles verdirbt".

Die Geschichtsschreibung hat bis heute Mühe genug, den im Vergleich zum plumpen Kurfürsten Wilhelm staatsmännisch ziemlich erfolgreichen und zugunsten von Handel und Wandel klug agierenden König Jérôme wegen seines Hangs zum Feiern zum albernen „König Lustik" umzudeuten. Das ist er vermutlich nie gewesen. Und wahrscheinlich hatte es bis dahin niemand mit den Hessen staatsbürgerlich je so gut gemeint wie Jérôme.

Die kleinen Lichter der Geschichte ahnen auf ihren Thronen, welche Gefahr ihnen von Napoleon nicht nur militärisch droht. Im fernen Königsberg schreibt Oberbürgermeister Johann George Scheffner, ein Schüler des Philosophen Kant, dass der Hass auf Napoleon in Preußen lediglich darauf beruhe, dass er diesem angeblichen Musterstaat, groß geworden unter den Stockschlägen eines Philosophen auf dem Thron, Friedrichs II, vor Augen geführt habe, wie ein wirklich menschenwürdiger Staat aussehen könnte. Das habe Preußen, das sich in maßloser Verblendung als Hort an Aufklärung und bürgerlichen Rechten fühle, zutiefst beleidigt.

Goethe hat darum gewusst, dass Napoleon die schlechteste Lösung nicht war und dass er weitaus mehr zu bieten hatte als jene absolutistischen politischen Zwerge auf den Thronen und Thrönchen ringsumher. (Außerdem: Wie sollte er jemals das Bild vom Erfurter Kongress vergessen, als Napoleon an den europäischen Fürsten vorbeigeht, um zuerst ihn und Wieland zu begrüßen? Ganz abgesehen von seinem persönlichen Autoren-Stolz angesichts des Werther-Kenners Napoleon!) Auch dass Napoleons Erfolg letzten Endes darauf beruhte, die häufig nur zu offenkundige Nullität der übrigen Regenten aufgedeckt zu haben, hat er gewusst. (Dass er, Goethe, ihnen dennoch kratzfüßig den Hof macht, ist eine andere Geschichte. Da war er wieder „Realpolitiker".)

Dass es den für die Ewigkeit angelegten Weimarer Friedhof an dieser Stelle überhaupt noch gibt, ist einer Frau zu verdanken. Ein Teil seiner Fläche ist entweiht (er war früher größer als in der jetzt vorliegenden Form), und das verbliebene Territorium kennt nicht einmal seinen rechtmäßigen Eigentümer. Die Weimarer Lehrerin Eva Schmidt, die in den Jahren des staatlich kultivierten Mordens ihre jüdische Freundin Else Behrend-Rosenfeld eine Zeit lang in Weimar versteckte, setzte sich in den 80er Jahren für die Wiederherstellung des restlichen Friedhofsareals ein. Sie forschte dem Verbleib von Grabsteinen nach (einige waren nach Erfurt geschafft worden), dokumentierte die Geschichte der Weimarer Juden und setzte gegen dumpfen DDR-behördlichen Widerstand die Sicherung des Areals durch. (Kommunismus und Judentum, auch eine Elendsgeschichte!)

Am 20. November 1983, 45 Jahre nach der Reichsbrandstifternacht und der damit verbundenen Demütigung jüdischen Lebens unter den Augen einer „werktätigen Bevölkerung", konnte das jüdische Totengebet, das Kaddisch, zum ersten Mal wieder über das winzige weimarische Erez Israel klingen.

Ich will die guten Töne an diesem Ort noch ein wenig vermehren. Während die Schlafenden weiterhin auf die Entscheidung Gottes warten, erzähle ich ihnen eine Geschichte. Nämlich die von Moses Mendelssohn, dem berühmtesten deutschen Juden vor Einstein, dem Lessing im „Nathan" ein gewaltiges Denkmal setzte. Er hatte nie eine höhere Schule, geschweige denn eine Universität besucht, und doch waren die Gelehrten stolz auf seine Bekanntschaft.

Sie gehört zu meinen Lieblingsgeschichten. Ein Student, der dabei war, hat sie überliefert, die Geschichte, wie „ein kleiner verwachsener Jude mit schwarzem Spitzbarte und starkem Höcker ... mit ängstlich leisen Schritten" in Kants Königsberger Hörsaal tritt und „unfern der Eingangsthür" stehen bleibt. Die Studenten begrüßen ihn mit „Hohn und Spott", die zuletzt in Schnalzen, Pfeifen und Stampfen übergehen. (Eigenartiges Verhalten ausgerechnet von Kants Hörern. Haben sie das in seinen berühmten Vorlesungen gelernt?)

Aber der Verhöhnte hält sich tapfer, bis Kant ihn wahrnimmt. Er stutzt einen Augenblick, fragt den Fremden nach seinem Namen und schließt ihn vor aller Augen in die Arme. Dann geht es durch die Reihen: „Moses Mendelssohn! Es ist der jüdische Philosoph aus Berlin! Und ehrerbietig bildeten die Schüler eine Gasse, als die beiden Weltweisen Hand in Hand den Hörsaal verließen."

Kommen einem nicht vor Freude die Tränen, dass in der deutschen Geschichte wieder einmal einer neben dem ewigen „Schnalzen, Pfeifen und Stampfen", Verfolgen und Totschlagen auch das konnte?

Ich weiß, dass die hier Ruhenden Moses Mendelssohn, den großen Aufklärer und Verunsicherer der eigenen jüdischen Tradition, zu Lebzeiten eventuell gar nicht mochten. Aber natürlich waren sie gleichzeitig auch stolz auf „ihren" Philosophen. Wer ist nicht (zumindest heimlich, wenn anders es nicht sein darf) stolz auf Seinesgleichen? So gönne ich uns schnell noch eine Geschichte, bevor die Bürogänger, die auf ihrem Weg zur Arbeit gleich hier vorbeikommen, mich erwischen können. Und zwar die viel zu unbekannte Geschichte, wie ihr Goethe einem Sohn von Moses Mendelssohn eine riesige Freude bereitet. („Ihr" Goethe deshalb, weil die Weimarer Juden ihm natürlich schon aus Lokalpatriotismus auch verfallen waren!)

Moses Mendelssohns Sohn Abraham trifft im Foyer des Frankfurter Theaters 1797 den achtundvierzigjährigen Goethe, der endlich einmal wieder in Frankfurt zu Besuch ist. „Er führte seine Mutter, eine alte geschminckte pretensionsvolle Frau, nach die

Comoedie. Wir gingen ihm nach, zum Glück läßt er seine Mutter allein hineingehen, und geht zurück", schreibt Abraham Mendelssohn in einem Brief. Es kommt zu einer Begegnung. „,Sind Sie ein Sohn von Mendelssohn?', fragte er mich, und das war das erstemal daß ich meinen Vater ohne Beywort und so nennen hörte wie ich es immer wünschte", berichtet der erstaunte Sohn. Natürlich kennt er die Frage nur so: Sind Sie der Sohn von dem Juden Mendelssohn? Und es beglückt ihn unendlich, dass Goethe das elende „Beywort" gar nicht in den Sinn kommt. Und, wohl mit Blick auf die Goethekritiker auch in seiner Umgebung, schreibt er: „Der nur kann Göthe stolz finden, der gern alles zu sich herabziehen will ..., mir machte es ein unendliches Vergnügen mich in seiner Gegenwart gewißermaßen erhoben zu fühlen."

Weil ich gerade so schön in Fahrt bin mit meiner Mendelssohn-Familiengeschichte (und weil hier auf dem Weimarer Judenfriedhof seit Jahrzehnten vermutlich ohnehin keiner mehr eine gute Geschichte zum Besten gegeben hat), erzähle ich gleich noch eine vom dritten Mendelssohn, von dem jungen Musiker Felix, der vor seiner Italienreise im Mai 1830 von Berlin aus in Weimar beim achtzigjährigen Goethe erste Station macht.

Auch er erlebt, wie sein Vater in der Frankfurter „Comoedie", das „Wunder Goethe", wenn auch eine ganze Generation später. Nach Hause schreibt er: „Goethe ist so freundlich u. liebevoll mit mir, daß ich's gar nicht zu danken und zu verdienen weiß; Vormittags muß ich ihm ein Stündchen Clavier vorspielen, von allen verschiedenen großen Componisten nach der Zeitfolge u. muß ihm erzählen, wie sie die Sache weitergebracht hätten, u. dazu sitzt er in einer dunklen Ecke ... und blitzt mit den alten Augen."

Das war drüben am Frauenplan. Alle, die hier liegen, kennen das Haus, es war ja auch ihr Weimarer Goethehaus. Deshalb müssen sie den Schluss auch noch erfahren. Weil der Achtzigjährige sich Sorgen macht um den jungen Mann, der überwiegend seiner Musik lebt, statt dem anderen Geschlecht nachzustellen, lädt er vor der Abreise von Felix die jungen Weimarer Damen ein und rät ihm: „... du mußt zu den Frauen hingehen, u. da recht schön thun." Aber ihm selbst, dem Achtzigjährigen, sind die jungen Dinger auch nicht egal. Und wenn ihm eine besonders gefällt bei seinem Damenball für den jungen Felix, „geht er ... ihr nach, macht sich niedlich, theilt ein Stück Kuchen mit ihr, u. so lebt der alte Zecher", schreibt Felix nach Hause. Und als er zwei Jahre später, 1832, von seinen zwei großen „Erziehern", dem Musiker Zelter und Goethe, für immer Abschied nehmen muss, baut er den beiden einen ewigen Gruß in seine 4. Symphonie ein. Es ist die „Italienische", mit der er und jeder, der sie hört, „über's Gebirg" fliegt nach Italien. Erst in unserer Zeit sieht eine Göttinger Musikwissenschaftlerin dem jungen Felix über die Schulter und weist die Spuren der beiden „alten Zecher" im zweiten Satz der Symphonie Punkt für Punkt nach.

Übertreibe ich mit meiner Friedhofsunterhaltung? Ich habe kein schlechtes Gewissen. Gibt es etwa einen Juden, der seit Evas Bericht an Adam von der Begegnung unter dem Baum im Garten Eden nicht jederzeit für eine gute Geschichte alles stehn und liegen lassen würde? Sollen die Grabsteine ruhig ein wenig wackeln vor Vergnügen. Besser sie wackeln deshalb, als wenn die Humorlosen mit den Schirmmützen sie wieder zum Wackeln bringen.

Selbst wenn Herder mit seiner seltsamen Vermutung Recht haben sollte, dass sich die Juden nach ihrem Tod unter der Erde nach Jerusalem durchschlagen, kann ich an keinem Judenfriedhof vorbeigehen, ohne den dort Wartenden in ihrer Sprache den alten Passahgruß „Nächstes Jahr in Jerusalem!" zuzurufen.

Ja, es gibt auch in Deutschland so etwas wie Philosemitismus, jene zutiefst dankbare Verehrung des Judentums. Und es hat sie immer gegeben. Man ist in guter Gesellschaft damit. Diese Neigung, sie gilt heute auch all den verlassenen Judenfriedhöfen in Deutschland: den Schikane-Felsengräbern des Bentheimer Waldes zum Beispiel, den neben der Serpentine von Dernau an der Ahr versunkenen letzten Zeugen auf ihrem Kurventerritorium an der Straße, oder den hinter hohen Mauern versteckten zweitausendfünfhundert Grabsteinen des fränkischen Judenfriedhofs am Fuße des Schwanberges, denen mein Freund Ulli bei seinen herbstnächtlichen Wanderungen von Rödelsee nach Iphofen manchmal sein eigenes Bocksbeutel-seliges Kaddisch singt.

Ein Wort dieser Sprache aus der Wüste und von den Wassern Babylons hat mich als Kind beim ersten Hören in seinen Bann gezogen. Seinetwegen bin ich eigentlich hier. Es ist jenes aus dem Hebräischen auch in unsere Sprache gerutschte Tohuwabohu, das Luther mit einem herben „Wüst und leer" übersetzt. Noch immer betone ich es mit der größten Lust und sauge den Klang aus allen fünf Silben: To-hu-wa-bo-hu. Nirgendwo scheint mir die Verschmelzungsgier der Atome, die die Quantentheorie inzwischen als überholt belächelt, so physikalisch lüstern wie bei diesem Wort. Wer könnte sagen, welche Macht in den Wörtern liegt, als deren Herren wir uns leichtfertig fühlen? Was ist alle physikalische Kraft gegen jene winzige Bewegung menschlicher Lippen, gegen jene unmerkliche Luftbewegung, mit der Welten geschaffen oder zertrümmert werden können?

Es ist eine einfache, eher arme Sprache, das Althebräische, jedenfalls was den Umfang des Wortschatzes betrifft. Nur das fremde Lautsystem fordert den Abendländer heraus. Als den Laut, den der Europäer vor dem Erbrechen ausstößt, definiert die Wissenschaft das hebräische Aleph, den ersten Buchstaben des von rechts nach links gelesenen Zeichensystems. Wir machen ihn hilflos zu unserem A, weil wir die richtige Kehlkopfenergie beim normalen Lesen nicht aufbringen können.

Keine einzige Minute dieses kostspieligen Semesterferienopfers „Hebräischkurs" bereue ich. Als nach dem Vertrautwerden mit Schriftzug und Aussprache des Alephbets das erste Aufschlagen der schweren Biblia Hebraica folgt und die magischen Zeichen der jetzt bekannten Buchstaben Auge und Zunge gehorchen und einen der schönsten Sätze der Welt in der Sprache hervorbringen lassen, in deren Flammenzeichen er Gestalt wurde (selbst das teuflisch gemeinte „Jude" auf den zwangsverordneten Davidssternen der

Nazizeit spiegelte ja sogar in der lateinisch-deutschen Schmachform noch genug von der Erhabenheit dieser Flammenschrift wider!), da ist mir, ich wäre selbst dabei gewesen, als dem bösartigen oder verspielten Chaos innerhalb der Myriaden von Galaxien mit diesen Ur-Lauten Einhalt geboten wurde: Jehi or, wajehi or! „Es werde Licht, und es ward Licht." Von mir aus können sogar jene immer etwas in Beweisnot befindlichen Urknall-Fetischisten mit ihrer Theorie Recht haben, dass vor der Geburt unseres Universums ein anderes in sich zusammenstürzte, so dass sich alle Materie und Energie in einem vielleicht Stecknadelkopf großen Kosmos konzentrierte, bis es „knallte". Licht wurde auf jeden Fall gebraucht. Und in der Schöpfungssprache heißt es „Or".

Man muss es laut sprechen, um den Schock der unendlichen kosmischen Dunkelheit gegenüber den sieben hebräischen Silben „Jehi or, wa-jehi or" auszukosten. „Es werde Licht, und es ward Licht!" Selbst der trüben Glühbirne im Duschraum des Studentenwohnheims der Hochschule rücken wir im Sprachkurs bei jedem Schalterklick mit dem gewaltigen Wort zu Leibe. Sie gehorcht genauso erschrocken wie die Galaxien an jenem ersten Schöpfungstag.

Während ich beim Verlassen des Weimarer Judenfriedhofs mein Tempo-Taschentuch vom Kopf nehme, gehe ich die wenigen Meter über die Straße zur Hausnummer 4 der Leibnizallee. Dort hat Hoffmann von Fallersleben gewohnt. Bei den etwa fünfzig Schritten auf die andere Seite schaffe ich genau eine Strophe von Hoffmann aus dem Lied „Schönster

Herr Jesu". Es hat so eine beschwingte Melodie. In Schweden gehört sie zu den liebsten Volksweisen.

Ich singe leise, damit die Bewohner des Staubes nebenan es nicht hören. Außerdem gehört Hoffmann von Fallersleben, der Verfasser unserer Nationalhymne und der schönsten Kinderlieder, die wir haben, leider auch zur Antisemitenbande des literarischen „Jungen Deutschland".

Ich will meine Schlafenden auch nicht kränken mit dem Gottessohn, von dem sie nichts wissen wollen. Für sie ist das Diktat des römischen Kaisers, dass ihr Landsmann Jesus von Nazareth selber Gott sein soll, natürlich nicht gültig. Andererseits, wie sagt der ostpreußische Rabbi in jenem typisch jüdischen Witz zu dem ihm in der Bahn gegenüber sitzenden jungen Priester, den er hinterhältig nach seinen beruflichen Möglichkeiten befragt und der ihm nach Aufzählung aller Hierarchiestufen bereits als höchstes Amt seiner Kirche das Papstamt genannt hat: „Höher möchten Se nich kommen können?" Nachdem der Priester mitleidig lächelnd mit einem arroganten „Danach kommt nur noch Gott" das Gespräch beenden will, bescheidet ihm der Jude in breitestem Ostpreußisch, während er gleichgültig aus dem Fenster sieht: „Na, sagen se nich, ainer von unsern Laiten hat auch das jeschafft!"

Bevor ich von Hoffmanns Wohnung aus den Weg zur Schlossbrücke einschlage, fühle ich plötzlich die Kieselsteine in meiner Jackentasche. Das zerknitterte Tempo-Taschentuch schnell noch einmal auf den Kopf gelegt, gehe ich auf den Friedhof zurück und lege für Julius und Alexander Elkan einen Stein in den Beutel Gottes. Er und sein Bruder sollen auf keinen Fall vergessen werden, wenn die Entscheidung Gottes fällt.

„Und da duftets wie vor alters, da wir noch von Liebe litten"

Hafis' und Goethes „heiliges Exempel"
am Beethovenplatz

Zwei gewaltige Patriarchenstühle hat die Stadt Weimar den beiden Dichtern an den Beethovenplatz gestellt. Es war eine gute Entscheidung, Hafis, dem freundlichen Botschafter des Orients, in einer Zeit, da immer noch zwischen Orient und Okzident „Reiche zittern", diesen Empfang zu bereiten. Niemand sonst in Europa oder Amerika ist darauf gekommen. Und niemand sonst in Europa oder Amerika kann die Rolle des Gastgebers so perfekt übernehmen wie der zweihundertfünfzigjährige Goethe im thüringischen Weimar.

Längst nicht jede Stadtführung, die Puschkin und Shakespeare pflichtgemäß besucht, schafft in der Nähe des großen Hotels am Beethovenplatz den Sprung ins Morgenland. Es gehört zu den unbekannten Denkmälern in Deutschland, womöglich sogar in Weimar.

Kein Reiseführer schmückt seine Titelseite damit. Und anders als die schönen Divan-Verse in persischer und deutscher Sprache am Denkmal versprechen („Orient und Okzident / sind nicht mehr zu trennen"), liegen außerhalb des Denkmals auch in Weimar durchaus Welten zwischen dem Morgen- und dem Abendland.

Muhammad Johann Wolfgang von Goethe (wie ihn die „Islamische Zeitung" genannt hat) und Mohammed Schemsed-din Hafis aber freuen sich über jede Touristenkarawane, deren „Führer mit Entzücken / Von des Maultiers hohem Rücken", „bösen Felsweg auf und nieder" auf dem Weg vom Gartenhaus am Stern zum Historischen Friedhof an dieser deutsch-arabischen Oase zur kurzen Einkehr lädt.

Was in jenen Monaten 1814/15, denen das jüngste Weimarer Denkmal seine Entstehung verdankt, geschah, hat der Goetheforscher Ernst Beutler 1943 mit angehaltenem Atem in einem epochalen Divan-Kommentar enträtselt: „Der Koran und noch einmal der Koran? Wo ist Homer geblieben, und Pindar? Prometheus wo? Und Helena? Wo Fausts christlicher Himmel und seine Hölle? Ein ungeheurer Szenenwechsel hat sich vollzogen. Zum ersten Male in der Geschichte des Abendlandes ist ein Geist, ist ein Dichter weit und frei genug, Christentum und Antike, die über zwei Jahrtausende das Antlitz des Kontinents geprägt hatten, hinter sich zu lassen, als ob beides ihm nichts bedeute. Und das ist das Unerhörte, nicht ein Junger ist es, der die Kraft hat, diese Panzer der Überlieferung zu sprengen, sondern ein Fünfundsechzigjähriger, der einhergeht wie ein durch

Seelenwanderung Neugeborener, ja, kindlich gläubig und kindlich heiter, in einem Lande von grenzenlosem Raum und bunten Horizonten."

„Der Diwan von Mohammed Schemsed-din Hafis. Aus dem Persischen zum erstenmal ganz übersetzt von Joseph von Hammer" heißt der Funke, der den Übergang des sich und anderen längst klassisch gewordenen Dichters ins vermeintlich endgültige Alter mit bewundernswerter Explosionskraft um Jahre zurücksprengt und gleichzeitig der künftigen Weltpolitik für Jahrhunderte eine Schneise in den Orient freischlägt. Für den großen „Brückenbauer zwischen Ost und West" hält ihn bewundernd Katharina Mommsen, die das Verhältnis des Weimarers zur arabischen Welt in grundlegenden Studien beleuchtete.

Wie aber war der Orient in jenen Sommermonaten 1814 an den Frauenplan gekommen?

Eher routinemäßig hatte der Verleger Cotta dem Hausautor Goethe die in seinem Verlag erschienene Ausgabe des Orientalisten Joseph von Hammer nach Weimar geschickt. Er kann nicht ahnen, was die Postsendung auslösen wird.

In der Übersetzung orientalischer Gedichte des persischen Dichters Hafis (als Sammlung arabisch „Divan" genannt) begegnet dem in jenen Tagen „unglücklichsten Mann im ganzen Vaterland" ein fünfhundert Jahre alter Bruder, den er vor Freude an die Brust drückt und mit dem er in den nächsten Monaten von Schenke zu Schenke zieht (bis sie sich hier im Park endgültig niederlassen), um eine Verbrüderung von Orient und Okzident zu feiern, wie sie die Welt bis heute nicht wieder gesehen hat.

Er kann den neuen Freund gut gebrauchen. Nach dem Ende der Napoleonzeit ist Deutschlands erster Dichter zur ärgerlichen politischen Gestalt geraten. Zu oft und zu offen hatte er den jetzt endgültig Besiegten zum Unbesiegbaren erklärt. Und während ganz Europa im Siegestaumel feiert, streichelt er hinter zugezogenen Gardinen den von Napoleon verliehenen Orden. Obwohl äußerlich der anderen Seite verpflichtet, hatte er innerlich auf den Imperator gesetzt. Und zu viele wussten es.

Aber es bedurfte, von der misslichen persönlichen Situation abgesehen, ohnehin nur eines Funkens, um jenes exotische Lebensfass explodieren zu lassen, in dem bereits handfeste Munition lagerte. Schon in den Straßburger Sturm-und-Drang-Jahren hatte Herder Goethe und seinen Freunden die orientalische Patriarchenwelt enthusiastisch als die „Kinderstube der Menschheit" vorgestellt, in der diese ihre erste Erziehung genoss.

Goethes „Mahomet"-Fragment, das den in Europa stets verunglimpften Propheten des Islam in einem anderen Licht zeigt, war die erste Frucht des Straßburger Einflusses gewesen. Es folgten „Mahomets Gesang" und schließlich, Jahrzehnte später, die Übersetzung von Voltaires „Mahomet" für die Weimarer Bühne. Voltaires scharfer Abrechnung mit dem Propheten (den er für einen Menschenverächter hält) nimmt der Übersetzer dabei die Schärfe.

Als im Völkergemisch der Siegerarmeen muslimische Soldaten und Offiziere in Weimar eintreffen, verkehren sie bevorzugt in Goethes Haus. Sie schenken ihm jenen Bogen, mit dem Eckermann und er später im Garten Schießübungen machen. Einmal nimmt er sogar am muslimischen Gebet teil, das im Alten Gymnasium stattfindet. Die Begegnung trägt nicht wenig zu seinem religiösen Kosmopolitentum bei, denn als wenige Jahre später (1817) die 300-Jahrfeier der Reformation auch in Weimar groß ins Auge gefasst wird, kommt ihm diese Einengung bedenklich vor und er plädiert in einem (dann doch lieber nicht veröffentlichten) Aufsatz für eine gemeinsame Feier aller Konfessionen „an jenen Tag gedenkend, der seine Glorie nicht etwa nur Christen, sondern auch Juden, Mahometanern und Heiden zu danken hat".

Und jetzt, in den Sommer- und Wintermonaten der Jahre 1814/15, kann sich der Weimarer Minister fernab aller dienstlichen österreichisch-preußisch-sachsen-weimarischen Kleingeisterei zum ersten Mal mit ganzem Herzen in Schiras „Bädern und Schenken" herumtreiben. „Schiras, als den poetischen Mittelpunct, habe ich mir zum Aufenthalte gewählt, von da ich meine Streifzüge ... nach allen Seiten ausdehne", schreibt er im Januar 1815 an den Schwager Schlosser.

Gegenüber dem Präsidenten der Petersburger Akademie der Wissenschaften, Graf Uwarow, bekennt er später: „In schrecklichen und unerträglichen Zeiten, denen ich persönlich nicht entfliehen konnte, floh ich in jene Gegenden, wo mein Schatz und auch mein Herz ist." Dort angekommen, zieht der „Flüchtling" die Gerüche der ihm gar nicht fremden Welt tief ein. Alles ist ihm sogleich Heimat, vertraut, ureigene Seelenlandschaft, denn: „da duftets wie vor alters, / Da wir noch von Liebe litten."

Und während das gesamte christliche Abendland (das Goethes Aufbruch nach „dem Lande des Glaubens, der Offenbarungen, Weissagungen und Verheißungen" ohnehin nicht mag!) nicht einmal auf die Idee eines solchen Ansinnens käme, diskutiert er mit dem Trinkgefährten Hafis zum Beispiel die Frage: „Ob der Koran von Ewigkeit sei?". Zumindest beim Wein sind sich die beiden einig, denn: „Der Trinkende, wie es auch immer sei / Blickt Gott frischer ins Angesicht."

Hafis ist ein Weintrinker. Es kommt vor, dass er zugunsten eines Alkoholgelages sowohl Kleidung als auch Gebetsteppich verpfändet. Vor allem dies trägt dazu bei, dass seine Kanonisierung in der islamischen Welt noch nach Jahrhunderten ihre Gegner hat. Der Koran verbietet den Alkoholgenuss, wie jeder weiß. Aber Hafis, der Lehrer, Dichter und Beamte, „hatte das Glück, daß er zu einer Zeit lebte, da 1358 mit dem Schah Schudscha ein Fürst an die Herrschaft kam, der es mit dem Weinverbot lässig nahm, während vorher Übertretung noch mit dem Tode bestraft worden sein soll. Nun tranken sie alle, der Schah und die Vezire und, sorgloser als je, Hafis", schreibt Ernst Beutler.

So sind viele von Hafis' Liedern dem Weingenuss gewidmet: einem Weinliebhaber wie Goethe nicht unsympathisch. Mit dem politischen Wort muss der Fürstendiener Hafis vorsichtig sein. Auch dies ist dem Weimarer Kollegen vertraut. Und im Umgang mit dem anderen Geschlecht herrscht ebenfalls Übereinstimmung: „Ja des Dichters Liebeflüstern / Mache selbst die Huris lüstern", raunt der Fünfundsechzigjährige durch das staunende Halbjahrtausend dem Bruder in Schiras zu.

Die Rolle jener himmlischen Paradiesjungfrauen ist der christlichen Überlieferung unbekannt. Sie erwarten den Gläubigen in immerwährender Schönheit und Dienstbereitschaft im Paradies. Der Muslim wächst mit dieser Sinnlichkeit des Paradieses auf. Sie beflügelt seine Taten und verleiht dem Krieger jene Kraft, die ihn das jenseitige selbst um den Preis des diesseitigen Lebens anstreben lässt.

Dass Goethe von diesem Bild poetisch elektrisiert war, beweist jede Zeile im „Buch des Paradieses" inmitten des „Divan". „Und glaube nun ans Paradies gewaltig", lautet eines seiner lyrischen Bekenntnisse. Er lohnt sich, dieser Glaube. Denn so ergeht es den „berechtigten Männern": „Und nun bringt ein süßer Wind von Osten / Hergeführt die Himmels-Mädchen-Schar; / Mit den Augen fängst du an zu kosten, / Schon der Anblick sättigt ganz und gar."

Sein immerhin vorhandener Trost für den nicht-männlichen Teil der Schöpfung findet sich unter dem Titel „Auserwählte Frauen": „Frauen sollen nichts verlieren, / Reiner Treue ziemt zu hoffen ..."

Noch ahnen blauäugige christliche Islam-Dialogpartner in Volkshochschulen und Kirchengemeinden nicht, mit welch hoffnungslos vertrockneter Wissenschaftlichkeit sie womöglich eines Tages gegen die prallen sinnlichen Reichtümer des Islam antreten müssen.

Allen künftigen Moralisten und Strenggläubigen, die sich an ihren Versen stoßen, verbieten Hafis und Goethe mit der höheren Vollmacht ihres Amtes jede

Kritik. Denn nur ihnen ist diese Nähe zu den Himmlischen möglich: „Wisset nur, daß Dichterworte / Um des Paradieses Pforte / immer leise klopfend schweben, / Sich erbittend ewges Leben." Da schweige jeder andere Sterbliche.

Manchmal nimmt der „Orientreisende" die fünfunddreißig Jahre jüngere Marianne von Willemer mit, die er im August 1814 in Wiesbaden kennen gelernt hatte. Die ehemalige Schauspielerin regt ihn für die Zeit der Entstehung des „Divan" zu den schönsten Versen an. Als im Buch verewigte „Suleika" steuert sie selbst einige Gedichte bei, die Goethe ohne zu zögern in die Sammlung aufnimmt.

In ihrem Briefwechsel verpacken sie Liebesbotschaften und Anspielungen in ein Chiffrensystem. Er kann und will es noch, dieses flirrende Erotisieren der reifen Jahre. Und es beflügelt beide Seiten. So verdankt der „Divan" die einzigartig schönen Verse der beiden Gedichte „Ostwind" („Was bedeutet die Bewegung?") und „Westwind" („Ach! Um deine feuchten Schwingen") Mariannes zärtlicher Neigung zu Goethe. Es scheint ein ganz besonderes Glück um jene beiden „Dichterworte" zu schweben. Wie sonst ist es zu erklären, dass Franz Schubert im Repertoire seiner von durchgängigem Zauber getragenen Goethe-Vertonungen gerade bei diesen beiden Liedern Unvergleichliches gelingt?

Sucht man neben der seit Kindertagen bei Goethe vorhandenen Faszination für alles Orientalische nach weiteren Gründen für das bereitwillige Eintauchen des Dichters in die Welt der „Tausend-und-eine-

Nacht"-Mythen, so müssen vor allem zwei innere Sympathiedispositionen des Dichters zum Islam genannt werden.

Zum einen ist es sein tiefer Glaube an jene die Weltgeschäfte regulierende Vorsehung, an den „die Ereignisse ordnenden Willen, den wir nicht begreifen, eben weil er höher als unsre Vernunft und unser Verstand ist". In einem Gespräch, das Eckermann wiedergibt, fällt das Lob des Islam durch den reifen Dichter recht deutlich aus. Und dieses Lob gewinnt angesichts der Tatsache, dass der „Wiedergabefilter Eckermann" als schlicht-gläubiger Protestant über jede Idealisierung des ihm sicher mehr als fremden Islam erhaben sein wird, an zusätzlicher Goethe-Identität.

„Es ist höchst merkwürdig, mit welchen Lehren die Mohammedaner ihre Erziehung beginnen. Als Grundlage in der Religion befestigen sie ihre Jugend zunächst in der Überzeugung, daß dem Menschen nichts begegnen könne, als was ihm von einer alles leitenden Gottheit längst bestimmt worden; und somit sind sie denn für ihr ganzes Leben ausgerüstet und beruhigt und bedürfen kaum eines Weiteren", belehrt er Eckermann und ergänzt: „... im Grunde liegt von diesem Glauben doch etwas in uns Allen, auch ohne daß es uns gelehrt worden."

Es ist offenkundig, dass Goethe mit zunehmendem Alter der Lehre von der Vorherbestimmung des Weltlaufs und damit des menschlichen Schicksals immer überzeugter anhing. Schon im Determinismus seines „alten Herrn und Meisters" Spinoza war sie ihm begegnet und lieb geworden. Am Calvinismus, der reformierten Richtung des Protestantismus, schätzte er die strenge Prädestinationslehre, die Heil oder Unheil des Menschen längst vor allem eigenen Tun als von Gott bestimmt sieht. „Der Islam und die reformierte Religion sind sich hierin am ähnlichsten", heißt es diesbezüglich in einem Gespräch mit dem Kanzler von Müller.

Man muss einen Augenblick bei dem merkwürdigen Granit orientalischen und auch abendländischen Denkens stehen bleiben. Berührt nicht jeden Menschen zuweilen der Geheimnishauch einer beängstigenden Folgerichtigkeit oder Übereinstimmung seiner Existenz? Und befriedigt es nicht insgeheim, der eigenen Existenz das Siegel einer höheren Logik, eines ewigen Plans verleihen zu können?

Oder entspricht es lediglich der Hybris der Privilegierten, der Sieger auf den Sonnenseiten des Lebens (zu denen ja auch Goethe zu zählen wäre), denen diese Qualifizierung hervorragend in die Deutung des eigenen Weges passt?

Dennoch: Stoßen wir nicht oft selbst bei einem scheinbar völlig nebensächlichen Ereignis, das uns in einem bestimmten Kontext in seiner situativen Stimmigkeit frappiert, kopfschüttelnd ein „Das kann kein Zufall sein!" aus und reden damit zumindest erstaunt jener von Goethe vermuteten höheren Vernunft oder Vorsehung das Wort?

Kann der Mensch den Gedanken jemals ganz verdrängen, dass seinen Schritten ein tief verborgener Sinn eigen ist? Was gibt uns die Sicherheit des forschen Zufallsglaubens? Die Teufel predigen's mit Vergnügen, das Wort von der Unbedeutung, vom

Zufall allen Geschehens. Und Taschendiebe, Geizhälse, Spekulanten und Gewalttäter plappern es natürlich beflissen nach.

Die zweite Spur zum Islam führt über Goethes Urabneigung gegenüber der christlichen Trinitätslehre, die die Göttlichkeit des Menschen Jesus von Nazareth zum Dogma erhoben hat. Goethe hat nie etwas damit anfangen können und wettert auch im „Divan" dagegen: „Jesus fühlte rein und dachte / Nur den Einen Gott im Stillen; / Wer ihn selbst zum Gotte machte / kränkte seinen heil'gen Willen."

Dem Islam gilt die Göttlichkeit Jesu bekanntlich als unerträgliche Beleidigung der Einzigartigkeit Allahs und gereicht schon bei Mohammed zum Hauptkritikpunkt gegen das Christentum.

Das Dogma von der Göttlichkeit Christi hat ja die Fragen selbst im Christentum nie verstummen lassen. Niemand wird, wie Goethe sagt, je damit „ganz fertig".

So ist es auch keineswegs ausgeschlossen, dass der Christenheit, und zwar protestantischer wie römischer Prägung, wieder einmal „trinitätslose Jahrhunderte" bevorstehen. Die Deutung der Rolle Jesu nach den biblischen Zeugnissen lässt ein solches Dogma verantwortlich zu. Die Zeiten lieben es, ihre eigenen unumstößlichen Wahrheiten zu gebären; unabhängig vom Engagement und Geschrei vorheriger Epochen.

Dass uns Menschen die Lust an der eigenen „unumstößlichen Wahrheit" dennoch eigen ist und bei Nichtakzeptanz dieser „unumstößlichen Wahrheit" durch andere die „Vorfreude auf den Totalschaden an menschlichen Leben und Werken" die schönste Freude für Propheten aller Couleur und Zeitalter darstellt, ist oft genug zu beobachten.

Man kann Lessings berühmtes Bild in den Kreisen aller leichtfertigen Wahrheitsmonopolisten gar nicht oft genug wiederholen. „Wenn Gott in seiner Rechten alle Wahrheit, und in seiner Linken den einzigen immer regen Trieb nach Wahrheit, obschon mit dem Zusatze, mich immer und ewig zu irren, verschlossen hielte, und spräche zu mir: wähle! Ich fiele ihm mit Demuth in seine Linke, und sagte: Vater gieb! Die reine Wahrheit ist ja doch nur für dich allein!"

Kann man es uns allerdings übelnehmen, wenn wir voll edler Gier die rechte Hand wählen?

Liegt es vielleicht lediglich an unserem Naturell, wofür wir uns entscheiden? Und kann man Lessing trauen, wenn er behauptet, angesichts des unfassbaren göttlichen Angebotes „mit Demuth" die linke Hand wählen zu wollen?

Mindestens zwanzig zertretene Bierdosen und etliche leere Weinflaschen zähle ich an diesem Morgen in der Nähe des Hafis-Denkmals. Die Jugendlichen, von denen sie vermutlich stammen, haben sich nicht den schlechtesten Ort ausgesucht für ihr Gelage, auch wenn Goethe im „Divan" davon spricht, dass Jugend „Trunkenheit ohne Wein" ist und die deutlichen Spuren solcher Unordnung im selben Disput mit Hafis beklagt: „Sag mir nur warum die Jugend, / Noch von keinem Fehler frei ..." (So ganz ist Goethes poetische Jugend-Definition als „Trunkenheit ohne Wein" natürlich auch nicht zu trauen. „Gute Nacht ich bin besoffen wie eine Bestie", kann der achtzehnjährige

Student Goethe seinem Kommilitonen Behrisch in einer Leipziger Oktobernacht gerade noch am Ende seines Briefes auf das Papier kritzeln.)

Und es ist keine Form jener Altersfrechheit – die mein heimlicher Weimar-Begleiter Arno Schmidt schon ab dem fünfzigsten Lebensjahr heranwachsen sieht –, wenn die beiden Weintrinker mit vermutlich schlechtem Gewissen lachend erklären: „Trinkt sich das Alter wieder zur Jugend, so ist es wundervolle Tugend." Es gibt ja in Wirklichkeit keine Weisheit des Alters, sondern nur geschickter organisierten Egoismus.

Den nächtlichen Zechern hier am Denkmal werden solche Überlegungen gleichgültig gewesen sein. Und „Trunkenheit ohne Wein" reichte ihnen in einer Sommernacht wie der letzten nicht aus. Vom „Divan" haben sie vermutlich ohnehin noch nie gehört. Sie bewegen sich damit in guter Bildungstradition. Hundert Jahre nach dem Erscheinen liegen zur Zeit des Ersten Weltkrieges bei Cotta und im deutschen Buchhandel von den zweitausend aufgelegten Exemplaren noch genügend in den Regalen.

Das Werk, abgesehen von einigen siegreichen Schönheiten, an denen die deutsche Sprache nicht vorbei konnte (etwa das Gedicht Ginkgo Biloba mit seinem „Fühlst du nicht in meinen Liedern, dass ich eins und doppelt bin?" oder „Selige Sehnsucht" mit dem „Stirb und werde") blieb den Deutschen unheimlich. Wohl auch deshalb, weil darin unter dem Mantel einer fremden Weltreligion exzessiv geschwelgt und geliebt wird.

Dennoch trat das 1819 bei Cotta erschienene

Büchlein in Wirklichkeit einen stillen Siegeszug an. Nirgendwo im Werk des Weimarers, abgesehen vom Faust, quellen Reichtümer, Schätze und Glückseligkeiten so gewaltig aus allen Buchseiten wie beim West-östlichen Divan. Seine Tiefen auszuloten, bedarf es lebenslanger Annäherung. Die besten Geister unter Goethes Zeitgenossen, zum Beispiel Hegel und Heine (Letzterer: „Verse ... so leicht, so glücklich, so hingehaucht ..."), erkannten sofort seinen Wert und genossen den kleinen Band bis zur letzten Silbe. Und den Liebhaber wundert es nicht, dass der Quantenphysiker Werner Heisenberg in den 20er Jahren des letzten Jahrhunderts beim Nachdenken über seine die Physik revolutionierenden Unschärferelationen auf Helgoland kein anderes Buch als Goethes „Divan" dabei hatte.

Ich habe an diesem Morgen inmitten der Bierdosen- und Scherbenkulisse eine gute Nachricht für Hafis und Goethe. Sie wird ihnen gefallen.

Bundestagspräsident Wolfgang Thierse hat bei einem offiziellen Staatsbesuch im Iran auch Hafis besucht. Deutschsprachige iranische Studenten lasen am Grab des Dichters in Schiras Verse aus Goethes „Divan".

Was bleibt, stiften tatsächlich die Dichter. Hölderlin hat es gewusst. Und zwar über alle Ideologie, Technik und Finanzwirtschaft hinweg.

Das Wort mag selbst mein oft lästiger Kopf-Begleiter Arno Schmidt, der ansonsten für Goethe und Hafis und wohl auch für Hölderlin nicht viel übrig hat. „Von dem, was weiter als 100 Jahre zurückliegt, interessieren uns nur noch – und das sollte manchem geblähten politischen Granden zu denken geben – : die großen Erscheinungen der Kunst", pflichtet er bei.

Er, Arno Schmidt, hält es eher mit der Mathematik als mit Bibel oder Koran. „Eine Logarithmentafel auf dem Schreibtisch hat noch Niemand geschadet", ist eine seiner Lieblingsweisheiten. Für Bibel und Koran würde er das sicher nicht gelten lassen.

Ich traf ihn nicht in Schiras, den Granden der Bundespolitik, aber am Poseckschen Garten in Weimar. Drei Bodyguards begleiteten ihn. Dass es der zweithöchste Repräsentant des Staates, der Bundestagspräsident war, erkannte ich vor allem an der auch im hohen Amt ungewöhnlich selbständigen Haarpracht.

Ich weiß, dass es unstatthaft ist, den privaten Spaziergänger zu belästigen. Und es ist eigentlich auch nicht meine Art. Aber hier am Poseckschen Garten in Weimar ist es vielleicht doch etwas anderes? Der junge Ernst Moritz Arndt fällt mir ein. Auf der Jenaer Geleitsbrücke kam ihm einmal Goethe entgegen. Innerlich völlig bewegt, traute er sich dennoch nicht, ihn anzusprechen.

Ich bin nicht Ernst Moritz Arndt, und Thierse ist nicht Goethe. Ich wechsle die Straßenseite und nähere mich zielstrebig dem Bundestagspräsidenten. Blitzschnell haben die Bodyguards mich eingestuft. Mein Auftreten scheint den Risikofachleuten die vorläufige Einordnung in die Kategorie „harmlos" zu signalisieren. Dennoch erzwingen die drei auf höfliche und nicht kränkende Weise Distanz.

„Ich freue mich, Sie an diesem Ort zu treffen", sage ich hilflos. Ihn in ein Gespräch über Hafis und Goethe zu verwickeln, scheint mir vermessen.

Die Sicherheitsbeamten wechseln strategische Blicke. Könnte jemand, der mit einem so nichtigen Anliegen daherkommt, nicht doch plötzlich eine Waffe ziehen? Der Präsident ist jedoch offensichtlich überzeugt, dass die Begegnung ungefährlich ist. Er bedankt sich höflich für meine Ansprache, und schon signalisieren seine Begleiter mir Fortsetzung des Weges. Man scheint auf den Historischen Friedhof zu wollen. Wer in Persien Hafis' Grab besucht, wird in Weimar Goethes Sarg nicht vergessen.

Ich nehme mir wegen der Begegnung vor, bei der nächsten Bundestagswahl Thierses Partei zu wählen. Es soll eine nicht unbedeutende Gruppe von Wählern sein, die ihr Kreuz auf dem Stimmzettel nach diffusen, gänzlich unpolitischen Gesichtspunkten vergibt, habe ich gelesen. Und sind meine Gründe die schlechtesten? Von mir aus können die Sozialdemokraten ausgerechnet durch den Einfluss der beiden Fürstendiener Hafis und Goethe mit Hilfe meiner Stimme die Wahl gewinnen. Warum sollte es schwerfallen, den ewigen deutschen Wahlhelfer Goethe für eine Periode an die SPD abzutreten? Wem hat er in der Vergangenheit nicht schon Wort und Gesicht geliehen? Gerade liegen etwa vierzig Jahre Wahlkampf für die SED hinter ihm.

Nicht „abtreten" aber kann ich den „Hafis des Alten und Neuen Testaments", den in jeder Zeile seines Werkes bibelorientierten Frankfurter Jungen Johann Wolfgang Goethe an Schaikh 'Abdalqadir Al-Murabit, der den Weimarer in der „Islamischen Zeitung" nach

Prüfung des „Beweismaterials" als Muhammad Johann Wolfgang Goethe in Beschlag nimmt.

Trotz aller Schönheit, die seine Botschafterrolle zwischen Islam und Christentum ausstrahlt, und trotz aller literarisch-religiösen Annäherung, ja Verbrüderung mit dem großen Koran-Weisen des Orients bleibt der „dezidirte Nichtkrist" (so der junge Stürmer und Dränger über sich selbst) doch bis zum letzten Atemzug einer der liebenswürdigsten und zuverlässigsten Christen, von denen unsere Kultur weiß.

Und auch im „Divan" hat er sich deutlich dazu bekannt. Ernst Beutler, der Fachmann, qualifiziert die Verse gar „unter allen sonstigen Äußerungen Goethes über religiöse Fragen" als „sein stärkstes Bekenntnis zur christlichen Welt".

Nachdem Goethe Hafis hat erläutern lassen, wie dieser zu dem Ehrentitel eines Bewahrers des Korans gekommen ist: „Mohamed Schemseddin, sage / Warum hat dein Volk, das hehre, / Hafis dich genannt?" und der geantwortet hat: „Weil in glücklichem Gedächtnis / Des Korans geweiht Vermächtnis / Unverändert ich verwahre", formuliert er seine Botschafterrolle des christlichen Abendlandes.

Er, Goethe, in dessen Arbeitszimmer am Frauenplan stets drei Ausgaben der Heiligen Schrift zur Hand liegen und dessen Bibelkenntnis der Korankenntnis seines historischen Bruders Hafis nicht nachsteht, bekennt: „Und so gleich' ich dir vollkommen / Der ich unsrer heil'gen Bücher / Herrlich Bild an mich genommen, / Wie auf jenes Tuch der Tücher / Sich des Herren Bildnis drückte, / Mich in stiller

Brust erquickte, / Trotz Verneinung, Hindrung, Raubens, / Mit dem heitern Bild des Glaubens."

Wenn der Protestant Goethe das in der katholischen Welt verehrte „Schweißtuch der Veronika" mit dem vermeintlichen Abdruck des Antlitzes Christi als ein Siegel seines eigenen „heitern Bild des Glaubens" hinstellt, so ist dies bei dem bekennenden Spezialisten für Kirchengeschichte wohl nicht ohne Hintergedanken zu sehen.

Dass aber Goethe, der „Hafis des Abendlandes", bei allem Bekenntnis zu Altem und Neuem Testament auch von „Verneinung, Hindrung und Raub" als Zeichen einer fortwährenden kritischen Auseinandersetzung sprechen kann, wird ihn von seinem islamischen Bruder unterscheiden, der „des Korans geweiht Vermächtnis unverändert" zu bewahren gewohnt ist. Historisch kritische Forschung und daraus resultierende Textkritik sind dem abendländischen Aufklärungskind Goethe bei aller Hingabe an die Heilige Schrift Alten und Neuen Testaments keine unbekannten, feindlichen Größen. „Denn gründen alle sich nicht auf Geschichte?" – Lessings berühmte Nathan-Frage über den „Wettkampf" der drei Weltreligionen ist ihm selbstverständliche Wahrheit. In diesem Punkt können sich der bibelfeste Goethe und Hafis, der den Koran auswendig kennt, nicht einigen.

Und es ist bis heute dieser Unterschied, der Orient und Okzident trotz Goethes wunderbarer Botschaft des „Nicht mehr trennen Könnens" gegenseitig ängstigt.

Noch einmal lese ich an diesem Morgen im Park die dem Denkmal eingegossenen Worte, mit denen der Dichter den orientalischen Bruder Hafis in die abendländische Tradition holt, nein zurückholt, weil sie ohne jene Welt der Patriarchen, ohne Herders „Kinderstube der Menschheit", gar nicht denkbar ist:

„Herrlich ist der Orient / Übers Mittelmeer gedrungen / Nur wer Hafis liebt und kennt / Weiss was Calderon gesungen."

Warum Calderón in diesem Schlüsselvers? Was veranlasst Goethe, dem Dramatiker Calderón de la Barca, der von 1600 bis 1681 in Madrid lebte, eine solche Brückenfunktion zwischen Ost und West zuzuschreiben?

Die Antwort fällt leicht. Goethe sah den spanischen Dramatiker als literarischen Enkel der mehr als siebenhundertjährigen arabischen Tradition auf spanischem Boden. Und über Calderóns „Standhaften Prinzen", den Goethe im Haus von Madame Schopenhauer vorlas, fällte er das große Urteil: „Wenn die Poesie ganz von der Welt verloren ginge, so könnte man sie aus diesem Stücke wieder herstellen."

Ein Satz „aus diesem Stück" bewegt mich oft. Es heißt, Goethe habe das Buch beiseite legen müssen, weil ihm Tränen in die Augen getreten seien, als er ihn las. Er geht mir nicht nur in der Windischengasse am nicht mehr vorhandenen Haus der Johanna Schopenhauer durch den Kopf, sondern auch sonst immer wieder.

Im Gespräch mit der zickigen Kassiererin im Supermarkt drängt er sich mir ebenso auf wie beim Blick auf das Bild des strahlenden Hollywoodstars. Für den lästigen Prozesshansel in der Nachbarschaft scheint er mir genauso gültig wie für die nette Kollegin, die die eigene Arbeit so beflügelt. Seinem An-

spruch entkamen zu Lebzeiten weder die am Beethovenplatz lachenden Zecher Hafis und Goethe noch
der Spanier Calderón selbst. Das Leben aller Wahrheitsmonopolisten unterliegt ihm ebenso wie das der
Jugendlichen, die in der letzten Nacht ihr Leergut am
Denkmal zurückließen. Er lautet:

„So muß in den irdschen Schranken / Jeder an sich
selbst erkranken, / Bis er seinen Tod gewinnt."

Auch ich werde ihm nicht entkommen, dem „an
sich selbst Erkranken". Gleichgültig, wie verräterisch
zuweilen der beruhigende Hauch einer großen Geborgenheit durch das Bewusstsein zieht und unabhängig
davon, wie die eigene Diagnose ausfällt, mit der wir
uns trösten und betrügen.

Göttermissbrauch an der sozialistischen Denkmalsmeile

Adam Mickiewicz' schwerer Stand in Weimar

Alle belauern sie ihn, den unwiderstehlichen Frauen-
fänger. Auch Ottilie von Goethe und ihre Schwester
Ulrike sind hingerissen. Und er liefert ihnen genau die
Vorstellung, die sie für ihr Entzücken brauchen. „Jede Dame solle ihren Lieblingsring, den sie seit langem
und ständig trage, auf ein Tablett legen; er wolle an
den Ringen erraten, ohne zu wissen, welcher wem
gehört, was ihre Besitzerinnen denken und fühlen",
berichtet sein Freund, der die Szene beobachtet.

Zwölf der anwesenden Damen machen sofort mit.
Er nimmt das Tablett mit den Ringen und wendet
sich zur Seite. Es scheint, als ob er für einige Minuten
in Trance versinkt. Dann tritt er zu den Damen hin
und offenbart ihnen mit gedämpfter Stimme die Geheimnisse, die er ihren Ringen entnommen hat. Als
Ottilie an die Reihe kommt, kann sie den Magier nur

noch reglos anstarren. Therese Vogel, der Gattin von Goethes „genialischem Hausarzt", treten Tränen in die Augen. Weimars Literatur-, Tee-, Handarbeits- und Kartenspielkränzchen kennen für die nächsten Wochen nur ein Thema: Adam Mickiewicz.

Überall, wo er nur wollte, stand der Salonlöwe und Frauenschwarm im Mittelpunkt, und zwar so selbstverständlich, dass er in der Regel „gleichgültig oder kalt" auftrat, um seine Ruhe zu haben. „Ein Zauber ging von Mickiewicz aus, der sich schwer erklären ließ und der wohl auch Exzellenz selbst ergriffen haben mochte ...", bescheinigt ihm sein späterer Weimar-Statthalter Louis Fürnberg.

Ist der eher zweitklassige Standplatz hinter der Schlossecke am linken Ufer der Ilm etwa die Rache der Weimarer Stadtväter für den erstklassigen Auftritt drüben im Goethehaus? Den Russen Puschkin in dieser Parkecke unterzubringen, hätte man 1956, als Mickiewicz seinen Platz hier bezog, nicht gewagt. Niemand traue einer deutsch-polnischen Denkmalplatzvergabe.

In Polen lebt Mickiewicz nicht im Schatten. Dort findet man ihn fast in jedem Ort an zentraler, bester Stelle. Von ihm kommen sie alle her, die polnischen Dichter und Denker, und wenn Polen noch nicht verloren ist, dann in erster Linie seinetwegen. Selten hat ein Dichter ein Volk so zusammengeschweißt, ihm Hoffnung und Zukunft gegeben wie Adam Mickiewicz.

Schon 1952 hatte Louis Fürnbergs Novelle „Die Begegnung in Weimar" den polnischen Nationaldichter in die entstehende eigene sozialistische Literaturgeschichte geholt. Es war einmal keine Werkbankpoesie, keine „Kumpel greif zur Feder"-Literatur, sondern ein Hauch von Weltkultur, der hier durch die noch schmalbrüstige junge sozialistische deutsche Literatur zog. Bis heute gilt die Novelle als Juwel der sonst so gern unterbewerteten DDR-Literatur.

Er war tatsächlich dabei, der polnische Nationaldichter, als Goethe im August 1829 seinen 80. Geburtstag feierte. Schon im Juni traf er in Weimar ein. Empfehlungsschreiben der polnischen Pianistin Maria Szymanowska, Goethes vornehmer Therapeutin nach der Marienbader Tragödie mit der jungen Ulrike von Levetzow, öffnen ihm die Türen am Frauenplan. Aber man weiß auch so von ihm. Sein Ruf als Dichter des polnischen Freiheitskampfes eilt ihm in Europa voraus.

„Von allen Polen interessiert mich allein Mickiewicz", schrieb der große Kollege und jetzige Weimarer Denkmalsnachbar Puschkin in guten Zeiten über ihn. Es hat ihn ungeheuer stolz gemacht, wenn auch die Beleidigung seines Volkes nicht übersehen werden konnte und Puschkin bald darauf von seinen Gedichten als „mit Gift" durchsetzt sprach. Da hatte Mickiewicz es gewagt, gegen die russische Besetzung Warschaus zu protestieren.

Vielleicht musste man die beiden Dichter deshalb ein wenig auf Standplatzdistanz halten. An der sozialistischen Denkmalsmeile des Ilm-Parks versucht Louis Fürnberg mit seinem gewaltigen Kopf zwischen den nationalen Kontrahenten zu vermitteln. Man hat ihn zwischen beiden platziert.

Schon im Winter 1830 ist Mickiewicz beim Aufstand gegen die russischen Besatzer dabei. Fast ein Jahr brauchen die Eindringlinge, um den Widerstand niederzuschlagen. Die deutschen Intellektuellen nehmen in schwärmerischer Solidarität am Schicksal Polens Anteil. Der Dichter Nikolaus Lenau schreibt den Opfern ein ergreifendes Gedicht.

Ich habe einen Vers auswendig dabei, um Mickiewicz eine Freude zu machen, wenn ich an seinem Denkmal stehe. Es ist meine kleine private Wiedergutmachung der unablässigen deutsch-russischen Demütigungslust gegenüber Polen. „Tanzt nun auch der Winter frisch" beginne ich, wenn ich um die Schlossecke biege und Mieckiewicz mir ins Auge fällt. Und fährt er nicht selbst fort: „Auf den Gräbern edler Polen, / Wo verscharrt in Eis und Frost, / Liegt der Menschheit letzter Trost!"?

Für den sprachsensiblen Lenau ein etwas unsauberer Reim, dieses „Trost" auf „Frost". Aber Mickiewicz merkt es nicht. Seine harte Akzentuierung des Deutschen macht den Unreim automatisch zum Reim.

In Paris heiratet Mickiewicz die Tochter der Goethe-Freundin Maria Szymanowska. Eine Zeit lang lehrt er am Collège de France slawische Literatur. Aber sein unruhiger Geist treibt ihn fortwährend an die Brandherde der Zeitgeschichte.

Als Russland 1853 das Osmanische Reich angreift und es zum Krimkrieg kommt, macht er sich auf den Weg in die Türkei. Mit zweihundert für eine eigene Legion angeworbenen jüdischen Soldaten will er an der Seite der Türken gegen das zaristische Russland kämpfen. Die Cholera setzt seinem Heldendrang ein Ende. Am 26. November 1855 schließt der große Frauenverzauberer in Konstantinopel „traurig und stumm" die Augen. Polen holt den Leichnam seines Nationaldichters eine Generation später von Paris nach Krakau in die Königsgruft. Jedes Kind lernt seine Gedichte und weiß um seine Biographie, auch um seine jüdische Befreiungsarmee.

Er weiß, dass zufällige, verschlagene Weltbewegung ihn in dieses europäische Dichterpark-Elysium geholt hat. Der ungewöhnliche, dem Weimarer Geist aufgezwungene abendländische Traditionsbruch, dem er gemeinsam mit dem Russen Puschkin und dem Ungarn Petöfi seine Repräsentanz an der Ilm verdankt, hat sich längst bei Kulturpolitik und Behörden zum trotzigen Status quo stabilisiert, obwohl alle fühlen, dass hier etwas nicht stimmt. Denkmalsnachbar Louis Fürnberg ist besonders übel dran, weil ihm jeder Anspruch auf einen Platz in diesem Dichter-Arkadien fehlt. Man hat ihn buchstäblich „hineingeschoben". Dabei hat ausgerechnet er in seinem Gedicht „Im Weimarer Park" dort fehlplatzierten Poeten prophezeit: „Es wird sie schon die Zeit vertreiben."

Seit Jahrzehnten geraten die freundlichen Stadtführer in Erklärungsnot (und überschlagen sich mit künstlichen Argumenten), wenn sie unbedarften, oder, schlimmer, wissenden Touristen die Anwesenheit der östlichen Dichterprominenz erklären sollen.

Was kümmert es die Kulturmächtigen, dass auch Mickiewicz selbst sich überflüssig vorkommt bei seiner Denkmalsmission hinter dem Weimarer Schloss. Es gibt sie ja nicht, die polnische Goethe-Verehrung („... wenn er schon mit Polen irgendwie in Berührung gekommen sei, sei seine Reaktion Gleichgültigkeit oder gar Ablehnung gewesen ...", erinnert noch 1983 eine polnische Forscherin und weist darauf hin, dass Goethe in Polen ebenfalls ein Schattendasein führt; für die polnische Seele sei viel zu wenig freiheitliche, patriotische Dichtung bei ihm zu finden!). Und von einer deutschen Mickiewicz-Neigung kann gar keine Rede sein. Kaum einer kennt ihn in Deutschland.

Sie liegt ja nicht an Weichsel, Moskwa oder in der ungarischen Puszta, die Wiege dessen, was als Weimarer Klassik so wunderbar über die Menschheit kam, sondern in der Ägäis, an Tiber, Themse und Seine. Mickiewicz, Puschkin und Petöfi, denen Parteigeist und schließlich Bezirkssekretärsordenssucht eine Botschafterrolle ihres Landes als „Partner" dieser Weimarer Klassik zugeschoben haben, wissen darum. Wie sollen sie sich in ihrer Rolle wohlfühlen?

Und so stehen sie da, groß und würdig, jeder auf seine Art. Götter am falschen Platz. Auf eine Bühne gezerrt, auf der sie selbst nie aufgetreten wären. Wer tröstet sie, wenn Hafis, Shakespeare, Voltaire, Rousseau, Goethe und Schiller, alle in Weimar zu Hause und unverzichtbar, sich nachts über sie lustig machen? Was, wenn Homer, Ovid, Dante, Petrarca, Cervantes, Calderón, ohne die kein Gedanke hier möglich war, wenn die Engländer Fielding, Goldsmith, Sterne auftauchten und in das Gelächter über die fremden Jünglinge aus dem Osten einstimmten? Vom Einfluss der großen Engländer auf sein Leben als Dichter bekennt noch der achtzigjährige Goethe: „… und am Ende sind es denn doch diese Gesinnungen, die uns von allen Irrschritten des Lebens endlich wieder zurückführen." Gäbe es im Völkerrecht den Straftatbestand des vorsätzlichen Denkmalmissbrauchs, Weimar säße beschämt auf der Anklagebank.

Goethe-Tagung 2007. Mitglieder aus vielen Ländern treffen sich in der wuchtigen Beton- und Glaswelt der neuen Universitätsbibliothek, die wie ein Koloss das winzige Eckermannhaus nebenan bedroht. Eine Neuwahl des internationalen Vorstandes ist fällig.

Seit der Genehmigung der Wiederaufnahme der Arbeit der Goethe-Gesellschaft durch den Chef der Sowjetischen Militäradministratur Thüringen im Mai 1946 war er nicht zu übersehen, der Einfluss Osteuropas in Weimar und Goethe-Gesellschaft. Die Präsenz der Germanisten aus den sozialistischen Ländern Osteuropas im Vorstand der Goethe-Gesellschaft war in den Nachkriegsjahrzehnten bis zur Wende selbstverständlich, danach durchaus üblich. Noch bei der letzten Vorstandswahl im Juni 2003 gelangten St. Petersburg, Osijek/Kroatien, Riga und Budapest neben zum Beispiel Oxford, Rom oder Seoul in das wunderbar internationale Vorstandsgremium.

Am Nachmittag des 1. Juni 2007 nahm die Präsenz Osteuropas auf drastische Weise ihr Ende. Weder die sympathische Dozentin aus St. Petersburg noch die verdiente bulgarische Professorin werden ins internationale Gremium gehoben. Filigrane Beklommenheit ergreift den Saal, als Präsident Golz den künftigen internationalen Vorstand verliest und angesichts des so nicht erwarteten Ergebnisses den „Abzug des Ostens" sichtlich betroffen persönlich bedauert.

Wie anders sah das Ergebnis einer solchen Vorstandswahl noch in den 80er Jahren aus. Germanisten aus Prag, Budapest, Moskau, Kiew und Tbilissi waren wie selbstverständlich im Vorstand der weltweiten Gesellschaft vertreten.

Schlummern in den Nationen tiefenpsychologische Strukturen, deren Unberechenbarkeit man lieber nicht nachspürt?

Werden sie bleiben können, die in den Weimarer Garten Eden zwangsüberstellten osteuropäischen Götter?

Was hätte die Partei, die immer Recht hat, mit deinem Denkmal hier gemacht, wäre es 1981 bei den Solidarność-Unruhen zum Einmarsch der Sowjetarmee ins polnische Bruderland gekommen?, frage ich den Nationalhelden.

Ein Wunder, dass es nicht dazu gekommen ist. Die alte Leidenschaft Russlands, Preußen-Deutschland eingeschlossen, sich Polen einzuverleiben, wie leicht hätte sie wieder ausbrechen können. Vom „Beistand der sozialistischen Bruderstaaten" und von der „Niederschlagung volksfeindlicher Kräfte" hätte man gesprochen, so wie 1968 bei der Niederschlagung des „Prager Frühlings".

Auf jeden Fall werden deine Verse es auch in Zukunft allen Feinden Polens schwer machen, sage ich, während ich mich in Richtung Anna Amalia Bibliothek entferne.

Zu gern würde ich wissen, wie er die Damen mit seiner Ringgeschichte damals im Goethehaus reingelegt hat. Wenn es überhaupt ein Reinlegen war. Aber es hat keinen Sinn, danach zu forschen. „Denn ganz zu enträtseln ist dieses außerordentliche Leben nicht", urteilt sein deutscher Übersetzer Karl Dede-

cius im Nachwort der Übertragung von Mickiewicz'
Liebesgedichten, die 1998 in der kleinen Insel-
Bücherei-Ausgabe erschienen sind.

Außerdem kann ich mir denken, wie er es gemacht
hat.

Zwischen Zarskoje Selo und Anna Amalia Bibliothek

*Alexander Puschkins Sehnsucht
nach der russischen Kälte*

„Es hat noch keinen Dichter gegeben, der so wie Puschkin die ganze Welt in sich aufgenommen hätte", ruft Dostojewski in seiner berühmten „Rede über Puschkin" dem Dichter nach, der seit 1949 als russischer Kulturbotschafter zwischen Bibliotheksturm und Parkeingang in Weimar residiert.

In seiner Rede, die in Russland unendliches nationales Entzücken bis hin zum Glückstumult hervorrief, hat Dostojewski 1880 ausdrücklich ihm, Puschkin, die Messiasrolle der jüngeren Geschichte zugestanden, und zwar angesichts der Tatsache, dass zur Rettung der Welt (Dostojewski spricht von der „universalen brüderlichen Einigung") „das russische Volk vielleicht am meisten von allen anderen veranlagt und bestimmt ist." Und er, Puschkin, sei schließlich die Stimme dieses Volkes.

Ein Hauch jenes Messianismus, der der russischen Seele in ihrer Weite oft eigen ist, mag in seinem kühn aufgeworfenen Denkmalsblick zu finden sein.

Er selbst, der große Alexander Puschkin, nannte sich, kokettierend mit dem ungewöhnlichen Erbe, einmal „Häßlicher Nachkomme von Negern". Und porträtierte er sich, unterließ er es nie, ein Gran jener negroiden Sonderheit in die Zeichnung zu legen.

Ist es dann nicht erlaubt, in seinen Zügen ein winziges physiognomisches Omen jenes „Königs der Könige" und 225. Nachfolgers des weisen Salomo zu suchen, der als Kaiser Haile Selassie über vierzig Jahre die Heimat von Puschkins väterlichen Vorfahren regierte und als einziger afrikanischer Staatschef daran dachte, zum 100. Todestag Goethes am 22. März 1932 einen Kranz nach Weimar zu schicken? Dass dieser dann, wie der damalige Direktor des Goethe-Nationalmuseums Hans Wahl berichtet, „verwaist" am Goethehaus lag, berührt noch heute.

Ibrahim Hannibal hatte man den Vorfahren genannt, der als Kind in Abessinien geraubt und als Geschenk an den russischen Hof gekommen war. Peter der Große gewann den „Mohren" lieb und adoptierte ihn an Sohnes Statt. Mehr noch, er verheiratete ihn in eine der ältesten Adelsfamilien seines Reiches und begründete damit die ungewöhnliche Linie.

(Dass auch Goethe möglicherweise Spross einer interessanten genealogischen Vorfahrenwanderung war und somit eventuell nicht in ungebrochener Ahnenkette den teutonischen Wäldern entstammte, darf in den Fußnoten der Weltgeschichte – und damit auch in denen dieses Buches – für ein paar Minuten nebenbei bedacht werden.)

Am 27. November 1949 traf der wohl beste Kopf jener abessinisch-russischen „Linie" in Form dieses Denkmals auch in Deutschland ein. Vollmundig versucht das „Thüringer Volk" vom 28. November 1949 im Bericht über die Einweihung des Denkmals eine Begründung für die Botschafterrolle des Dichters in Weimar. „Wie Goethe, so gehört auch Puschkin zu den großen Freiheitskämpfern der Völker", teilt die Zeitung ihren Lesern mit.

Hat die neue sozialistische Kulturpolitik es tatsächlich so eingefädelt, dass der alte Fürstendiener Goethe seinen täglichen Spaziergang zum Park mit dem Gruß des Kampfgenossen Alexander Puschkin beginnen kann? Nimmt er den Weg durch die Seifengasse, muss er ja hier vorbei.

Und selbst Puschkins lyrische Parkbeschreibung mag ihm als Motto seines abendlichen Ganges vom Frauenplan zum „Stern" gefallen. Könnte sie doch geradezu als Eintrittskarte für das kleine Paradies rund um die Ilm gelten: „Damit ich aufs neue die Teppiche der dichten Wiesen sehe, / die Gruppe der altersschwachen Bäume, das helle Tal, / das vertraute Bild der grasreichen Ufer ..."

Aber es ist nicht Goethes helles Tal, von dem hier die Rede ist. Und Puschkins Verse gelten nicht Nadelöhr, Ilm, Borkenhäuschen, Sphinxgrotte oder Glockenwiese, sondern der unvergessenen Traumwelt von Zarskoje Selo, dem Jugendparadies Puschkins im Schatten der schönsten Zarenresidenz des Russischen Reiches bei St. Petersburg.

Des jungen Dichters Verehrung für Goethe begann früh und ging Hand in Hand mit der Bewunderung Shakespeares. Von Goethes bekanntestem Werk schwärmt er: „Faust ist die größte Schöpfung des dichterischen Geistes, er dient als Repräsentant der neuen Poesie, so wie die Ilias als Denkmal des klassischen Altertums gilt." (Und natürlich versucht auch er sich an einer Faust-Nachdichtung.)

Bald nach Puschkins Tod begann in Russland die Idealisierung einer vermeintlichen Beziehung „Goethe – Puschkin", und seit über hundert Jahren debattieren die Puschkin-Forscher darüber, ob ihr großer Dichter eine von Goethe gewidmete Schreibfeder besaß. Es gibt keine Beweise. Aber die Vorstellung gefällt und wird immer wieder mit neuer Nahrung versehen.

Die Wahrheit ist nüchterner. Als Puschkins literarischer Stern aufging, war Goethe, von der Sicherung seines Lebenswerkes in Anspruch genommen, schon lange nicht mehr willens, eine ihm fremde Kultur mit Aufmerksamkeit zu verfolgen.

So wird gelten, was der Puschkin-Forscher Maximilian von Propper herausgefunden hat: dass „das geistige Phänomen des Russentums außerhalb der Sternenbahn Goetheschen Denkens und Empfindens geblieben" ist. „Das Aufwachen dieses eigenständigen russischen Geistes ... hat Goethe, der letzte große Vertreter einer weltbeherrschenden abendländischen Kultur, nicht mehr erlebt", sagt von Propper.

Auch hier hat politisches Kalkül den Dichter an die Ilm geholt. Es gibt keinen anderen Grund für seine freundliche Botschafterrolle in Weimar (abgesehen

von der Tatsache, dass der Austausch von Denkmälern im Vergleich zu dem von Waffen immer eine
große und schöne Sache ist). Deshalb auch bei
Puschkin jene beflissene Lebensdaten aufzählende
Hilflosigkeit der Fremdenführer, wenn sie seiner Rolle in Weimar eine Bedeutung geben sollen.

Puschkins Neigung zu Goethe scheint allerdings
noch immer ungebrochen. Sein Denkmalsblick geht
eigenartigerweise nicht in die nach ihm benannte
Straße, sondern scharf links daran vorbei in die Seifengasse, die zum Goethehaus führt.

Was interessiert ihn eine Straße, die, bevor sie 1949
eilfertig seinen Namen bekam, schon zweimal den
Namen wechselte und eines Tages wieder einen neuen
tragen wird? Straßennamen, wenn sie nicht zum Bahn-
hof führen oder zum Marktplatz, halten in der Regel
zwei Generationen. Dass etwa alle fünfzig bis siebzig
Jahre die politisch und kulturell vermeintlichen Stabilitäten sich umkehren, behauptet auch Goethe. Und
Straßennamen sind in der Regel die ersten Opfer.

Es ist, abgesehen von seinem politischen Auftrag
in Weimar, schon genug Geheimnis um den großen
Russen. Sein kurzes Leben spiegelt die übliche Künst-
lerinvestition: Unverständnis in der Familie, immer-
während Geldnot, ständige Bedrängnis durch Ob-
rigkeit und Behörden. Die Rebellion gegen zwei Zaren, die den Dichter lebenslang unter Kuratel halten
und von denen ihm der letzte, Nikolaus I., zu allem
Übel auch noch die zu schöne Ehegattin nimmt,
schließlich der schmähliche Tod des Siebenunddrei-
ßigjährigen im Duell.

Selten gönnen die Völker ihren künftigen Lieblingen zu Lebzeiten ein Trinkgeld. Erst später, wenn sie den Adressaten nicht mehr erreichen, werden die Milliardenguthaben der Anerkennung ausgezahlt. In einer seiner Verzweiflungsphasen tröstet er sich: „Nein ich werde nicht ganz sterben ... und ich werde gerühmt sein, so lange auf Erden auch nur ein Poet leben wird."

Zar Alexander I., der den unruhigen Geist mehrfach in die Verbannung schickt, beschreibt er in „Eugen Onegin", jener so vordergründig verspielt daherkommenden Bestandsaufnahme des russischen Lebens, mit den Worten: „Ein schwacher und verschlagener Herrscher, / ein glatzköpfiger und arbeitsscheuer Geck, / ein zufälliger Günstling des Ruhms, / regierte damals über uns."

Man muss den Satz hier in der Nähe des Schlosses leise zitieren. Der arbeitsscheue Geck ist ein Bruder der Weimarischen Großherzogin Maria Pawlowna. Ihr gilt an der Ilm mit Recht alle Verehrung. Warum sie unnötig kränken? Schwestern stehen oft weit über ihren Brüdern.

Ob jene Entscheidungsträger, die Puschkin 1949 in die DDR holten, sein berühmtes künstlerisches Credo „Vom Zaren abhängen, vom Volk abhängen - / ist das nicht alles einerlei für uns" kannten?

Und ob sie sein Glücksrezept im Ohr hatten, das bis heute den Menschen groß macht? „Nach eigener Laune hier und dort umherwandern, / dabei staunen über die göttlichen Schönheiten der Natur, / und vor den Schöpfungen der Künste und der Inspiration / freudig erzittern in entzückter Rührung. / Das ist

Glück! Das sind Rechte ...", schreibt er, die politische Chuzpe seiner DDR-Denkmalsväter, ihr Volk wegen möglicherweise falscher Gesinnung vorsichtshalber einzusperren, vorausahnend?

Wenn auf der anderen Seite der Straße die Blätter von Goethes Ginkgo-Baum hinter dem Fürstenhaus sich zu färben beginnen und immer schneller fallen, dann verfärbt sich auch Puschkins metallenes Denkmalsgesicht in der Herbstsonne. Seine beste Zeit in Weimar beginnt.

Und wie sollte er in den jetzt kühler und länger werdenden Nächten nicht Kontakt aufnehmen zu den dreihundert toten Landsleuten, die nur wenige Meter von ihm und so viele tausend Werst entfernt von Mütterchen Russland auf dem Soldatenfriedhof im Park nebenan von der Heimat träumen?

Zu dritt müssen sie sich einen Grabstein teilen, die kaum Zwanzigjährigen. Als wären sie arm und könnten sich das teure Weimarer Grab nicht leisten. Dabei hatte die Zarentochter Maria Pawlowna das Fleckchen Erde im Park für die gefallenen Helden der Sowjetunion längst im voraus bezahlt, als sie mit ihrem Brautschatz den weimarischen Staatshaushalt sanierte.

„Auf Georgiens Hügeln liegt nächtliches Dunkel", tröstet er die Landsleute in der Weimarischen Verbannung mit den selben Worten, die er einst an die Freundin Marija Wolkonskaja als Gruß aus der Heimat in die sibirische Verbannung geschickt hatte.

Und verabschiedet sich der Sommer endgültig aus dem Weimarer Park, versichert er den Nachbarn:

„Mit jedem Herbst blühe ich von neuem auf; / die russische Kälte tut meiner Gesundheit gut." Sie alle kennen die Zeilen. Kein Volk liebt seine Dichter so wie die Russen. Und natürlich ruft er es in ihrer Sprache, die doch unter den Laut- und Lippenschönen eine Königin ist.

„So geht es uns auch, Alexander Sergejewitsch!", rufen sie zurück.

Dass ich sie nicht verstehen kann, ist mir peinlich. Ich habe der DDR-Kultur immer ihren selbstverständlichen Umgang mit der russischen Sprache geneidet.

Attentatsgefahr
am Römischen Haus

Sándor Petőfi oder „Hängt die Fürsten auf"

Sucht man den metallenen Kopf des jüngsten Park-
bewohners, lässt man sich am besten von seinem
Landsmann Franz Liszt den Weg zeigen.

Den Park-Platzzuweisern wird 1976 wohl tatsächlich so etwas wie eine nationale Nachbarschaft durch
den Kopf gegangen sein, als man den „Ungarischen
Dichter und Revolutionär", wie seine Inschrift ihn
ausgerechnet im Lande der chronischen Revolutions-
angst tituliert, hier aufstellte.

Sándor Petőfi, ersehnter Heilsbringer aller Ungarn,
als Sechsundzwanzigjähriger auf dem Schlachtfeld
von Segesvár mit Haut und Haaren verschwunden,
ohne auch nur eine winzige Spur für ein Grabheilig-
tum zurückzulassen, hat sich ausgerechnet hier niedergelassen, während ganz Ungarn ihn noch immer

fieberhaft sucht. Vor wenigen Jahren erst machte sich eine Expedition nach Sibirien auf, weil man sein verschlepptes Skelett dort vermutete. Aber auch dort war er nicht.

Was war sein Geheimnis? Wie gelang es ihm, mit zwanzig Jahren sein Land und Europa zu bezaubern und „Weiten aufblitzen zu lassen, wie sie seitdem in Ungarn niemand mehr aufgezeigt hat"? So spricht noch 1999 der „Neue Pester Lloyd" zum 150. Todestag des Dichters.

Geboren wird er 1823 in einer Zeit, als es das ungarische „Volk" noch gar nicht gibt. Werke von Schiller und Heine nehmen den Schüler des evangelischen Gymnasiums von Pest gefangen. Dreiundzwanzig ist er, als eine erste Sammlung seiner Gedichte in deutscher Sprache erscheint. Zwei Tage vor dem Märzaufstand 1848 in Pest liefert er mit seinem „Nationallied" den zündenden Funken, der dem Volk zum (kurzfristigen) Siege verhilft. Goethes ehemalige jugendliche Freundin Bettina von Arnim widmet ihm eine lange Elegie und überschreibt sie mit „Petöfi dem Sonnengott".

Carl August nebenan in seinem Römischen Haus ahnt nicht, wen die DDR ihm da in seine Nähe gestellt hat. Besonders anrührend wird die Nachbarschaft, wenn man weiß, dass Carl August einmal mit dem Gedanken spielen durfte, Ungarns König zu werden.

Als zum Ende des 18. Jahrhunderts die Spannungen zwischen Brandenburg-Preußen und Österreich 1790 einen Krieg zwischen beiden Ländern unausweichlich scheinen ließen, kam, wie von politischer

Geisterhand gesteuert, Carl August von Sachsen-Weimar in diplomatischen Kreisen als möglicher König eines von Österreich unabhängigen Ungarn ins Gespräch. Das überwiegend protestantische Land erwartete von den ebenfalls protestantischen Preußen den besten Schutz vor den Repressionen der katholischen Großmacht Österreich. Und bei der internationalen Königssuche für ein selbständiges Ungarn steht in Berlin plötzlich der Name Carl August von Sachsen-Weimar-Eisenach im Raum.

„So abenteuerlich der ganze Plan aussah ..., so scheint es doch fast, als ob Herzog Karl August gegen den lockenden Zauber einer Königskrone nicht ganz unempfindlich geblieben ist", schreibt ein Chronist und charakterisiert die königliche Aufbruchstimmung an der Ilm: „Jedenfalls wies er den Gedanken nicht völlig von sich; er war selbst geneigt, zu näherer Rücksprache nach Potsdam zu kommen."

Anfang dreißig war Weimars Herzog zu dieser Zeit, und Goethe – etwa der designierte ungarische Kanzler? – gerade vierzig. Die beste Lebenszeit für die ganz große Karriere. Beiden war sie zwar nicht vergönnt, aber es wird herrliche Nächte mit den interessantesten Ämterspekulationen gegeben haben, sicher auch für einige Weimarer Beamte. Manche Flasche Sekt mag in dieser Sache auf Vorschuss geflossen sein. Nichts stimmt Herz und Gemüt bekanntlich höher als der bevorstehende Karrieresprung; das gilt ohne Zweifel für regierende Herzöge und ihre Minister ebenso wie für Filialleiter im Einzelhandel.

Ob das Haus Sachsen-Weimar und seine Nachkommen in Ungarn glücklich geworden wären, ist eine

andere Frage. Im Revolutionsjahr 1848 hallt dort nämlich eine Botschaft durchs Land, die Carl Augusts jet-
ziger schmächtiger Nachbar verbreitet. Anlässlich der
Krönung Kaiser Franz-Josefs – dieser schlägt als junger Regent den ungarischen Freiheitskampf blutig
nieder! – verfasst Sándor Petöfi seine Ode „Hängt die
Fürsten auf".

> „Verderbt sind sie, ihr Herz ist kalt und leer,
> schon niederträchtig von der Mutter her,
> ihr Lasterleben spricht dem Volke Hohn.
> Schwarz ist die Luft von ihrem Atem schon,
> noch aus dem Grab stinkt diese Pest herauf.
> Zerschlagt die Throne, hängt die Fürsten auf."

„Kalt und leer" war Carl Augusts Herz nicht, sage
ich zu Petöfi, und „niederträchtig von der Mutter
her" auch nicht. Wir verdanken seiner Mutter Anna
Amalia und ihm einige der Schätze, die unsere Nation
vorzeigen kann: Weimar als eine Wiege der Weltliteratur, und die Anna Amalia Bibliothek zum Beispiel,
um die die Welt weinte, als sie im September 2004 in
Flammen stand. Das ist nicht wenig.

Und sieht man sich die Länder an, deren Throne
nie zerschlagen wurden, sondern in zeitgemäße Strukturen hinüberglitten, so muss man sie zu den glück-
lichsten und wohlhabendsten der Welt zählen. Hol-
land zum Beispiel, Schweden, Dänemark, Norwegen;
was für wirtschaftliche und politische Oasen bilden
sie in fast jeder Hinsicht. Und wie verloren, ausge-
brannt und geschunden stehen all jene Revolutions-
länder im Jahrhundertvergleich zu ihnen da.

Und was wäre mit Deutschland geschehen, wenn es seine Hohenzollern (wie schlicht sie auch meistens daherkommen mochten!) auf einen vom Volk kontrollierten Thron hätte sitzen lassen? Hitler wäre der Welt erspart geblieben, und selbst das politische Vabanque-Spiel Wilhelms II. müsste angesichts des Völkermörders Hitler fast wie ein Geschenk erscheinen.

Und es gibt ja noch eine andere Seite. Man denke nur an Christian X. von Dänemark, der nach der Besetzung seines Landes durch die Deutschen freiwillig den Judenstern am königlichen Rock trug und bis ins KZ Theresienstadt für die Verpflegung seiner Juden sorgte. (Meine Freundin Hella Wertheim, als 14-Jährige mit den Eltern nach Theresienstadt verschleppt, hat mir oft erzählt, wie neidisch die KZ-Kinder waren, wenn die Extra-Verpflegungssendungen des Königs für seine dänischen Juden eintrafen.)

Und nimmt man Sachsen-Weimar-Eisenach, sage ich zu dem Fürstenjäger Petöfi, so mag man sich gar nicht vorstellen, wo dieses Ländchen womöglich im Zuge einer nach 1918 ungebrochenen monarchischen Entwicklung heute stünde. Die Reputation dieses geradezu magischen Hortes der Weltkultur mit Weimar und Wartburg unter dem politischen Dach eines traditionellen Großherzogtums (und somit ohne ein KZ Buchenwald auf dem Ettersberg!) stünde vermutlich derart exklusiv unter den Völkern da, dass selbst Wunderländer wie Monaco, Liechtenstein oder Luxemburg wie arme Vettern daherkämen. (Was haben sie an vergleichbarer Staatserotik gegenüber dem ehemaligen Großherzogtum zu bieten? Nichts als dieses bisschen konservative Stabilität, die die Welt nun einmal heimlich über alles liebt.)

Man stelle sich das vor: Ein inmitten des deutsch-thüringischen Territoriums souveräner Staat Sachsen-Weimar unter dem Zepter eines mit demokratischem Zaumzeug und parlamentarischer Peitsche gerittenen Großherzogs! Hätte nicht alle Finanzkraft aus den letzten Winkeln der Erde ihre Milliarden in dieses gesegnete Land getragen?

Nichts übertrifft jene vom Geiste Kantischer Aufklärung beflügelten Staatsgebilde, die dem historischen Luxus eines repräsentativen Herrscherhauses nie abgeschworen haben, sei's aus Bequemlichkeit oder Klugheit. Alle Welt schätzt sich glücklich, in ihren Grenzen zur Ruhe zu kommen. Wie oft sind sie nicht auch die letzte Zuflucht von Kommunisten und Sozialisten, wenn sie in den von ihnen geschaffenen Territorien im Zuge ideologischer Richtungskämpfe wieder einmal hingerichtet werden müssen. War im Mittelalter schon unterm Krummstab gut leben, wie gut und sicher lebt es sich erst unter der modernen demokratischen Krone.

Andererseits, sage ich zu Petöfi, war nicht auch bei euch in Ungarn, das man doch die „lustigste Baracke im Sozialismus" nannte, unter dem Krummstab des Kommunismus gut leben?

Was ist außer Cola, Jeans und Kraftfahrzeugen tatsächlich besser heute zu Beginn des 21. Jahrhunderts? Dass den Menschen letzten Endes nur diese Lebensaccessoires interessieren und dass ihm langfristig jede Politik suspekt ist, die in dieser Hinsicht nicht mithalten kann, ist allerdings das große Manko aller nicht-marktwirtschaftlichen Revolutionen und Systeme.

Warum kann es nicht einen beglückenden, weltweit akzeptierten, sinnstiftenden Kommunismus geben, dem es gelingt, bessere Cola, Jeans, Autos und, inzwischen unabdingbar, bessere Unterhaltungselektronik zu produzieren als jeder Kapitalismus? Warum hat sich Bertolt Brechts wunderbare alte Formel aus dem Einheitsfrontlied gegen Kapitalismus und Kirche: „Es macht ihn ein Geschwätz nicht satt, das schafft kein Essen her" auf diabolische Weise gegen Marx und Engels, Lenin und Mao gerichtet? Wie konnten sie zu den Schwätzern der Weltgeschichte werden? Denn alles, was die Welt „essen" will, wird ihr in schmackhaftester Form ausschließlich vom Kapitalismus serviert. Und dort, wo er nicht „serviert", recken sich Hände und Hälse verzweifelt in seine Richtung, ob nicht ein Brosamen von seinen Tischen zu erheischen wäre.

Jeder anständige Kommunist muss daran verzweifeln. Und es bleibt die vielleicht gesellschaftspolitisch interessanteste Frage, ob jemals etwas die Menschheit auf ehrliche Weise mehr begeistern kann als Cola, Jeans oder ein erstklassiges Auto? (Dass man ihr vorübergehend unter Todesdrohung Begeisterung abverlangt, wird wohl auch in Zukunft nicht auszuschließen sein.)

Um das Fass vollzumachen, erzähle ich Petöfi noch ein wenig vom Glück der Nation unter jenem Kaiser Franz-Josef, den er hängen wollte. Längst verklären die Österreicher die Jahrzehnte des legendären Herrschers, dem Joseph Haydns Sorge „Gott erhalte Franz, den Kaiser" galt, als die größte Periode ihrer nationalen Geschichte. Bereits ein Vierteljahrhundert vor Petöfis Geburt wurde Haydns Lied zum ersten Mal gesungen.

Du hättest später wahrscheinlich mitgesungen, sage ich. Wer mit zwanzig dichtet, „Hängt die Fürsten auf", singt aller Wahrscheinlichkeit nach mit fünfzig „Gott erhalte Franz, den Kaiser". Das geht uns allen so. Es ist ein biologischer, kein intellektueller Prozess.

Die Natur scheint ihn zu unserer Sicherheit ins genetische Alterungsprogramm eingebaut zu haben. Und wer all jene gegenwärtigen Petöfi-Alt-68er-Revolutionäre in Parlamenten, Hochschulen, Führungsetagen und Lehrerzimmern als forsche Kapitalanlage- und Zweitwohnungs-Steuerfüchse ihr sorgfältig kaschiertes „Gott erhalte Franz, den Kaiser" murmeln zu hören vermag, wird die genetische Theorie nicht leichtfertig in Abrede stellen.

In der nahen Stadt schlagen die Glocken von Herders Kirchturm den Beginn des Weimarer Schultages an, während sich neben mir die dünnen Äste um Petöfis edlen Fürstenkillerkopf im Morgenwind wiegen.

„In deinem Licht, milder Gott, mich freuend ... / blitzet vergoldet der Hain / Des heiligen Lorbeer und am Wanckenden Zweig / bersten schwellende Knospen dem kommenden Tag" hat die enthusiastische, dauerverliebte Bettina von Arnim ihrem „Sonnengott Petöfi" zugerufen. Goethe konnte es zum Glück nicht mehr hören.

Einen der „wanckenden Zweige" neben dem schmalen Bronzekopf Petöfis breche ich ab und mache mich auf zum nahen Römischen Haus.

Ich lege ihn auf die hässliche Treppe, die an der Seite des nachgemachten antiken Kleinods angebracht ist und deren Stilbruch den Bauleiter Goethe so verbitterte, dass er dem Freund Meyer von einer „Hühnertreppe", die das Bauwerk „immer abscheulicher" werden lasse, schrieb.

Caroline Jagemann, die Geliebte des Herzogs, hatte den Seiteneinstieg für ihre nächtlichen Besuche am Personal vorbei verlangt, und Goethe, der den Bau betreute, musste wieder einmal vor der Mätressenherrschaft passen.

Wie leicht hätte sich statt der Geliebten einmal ein Petöfi, ein Attentäter, „am Personal vorbei" über die Treppe ins fürstliche Schlafzimmer einschleichen können.

Aber ich kann die beiden Hausbewohner beruhigen. Es ist kein Attentat geplant. Petöfi nebenan schlägt keine Fürsten mehr tot, verspreche ich Carl August und seiner Geliebten, die schon lange nicht mehr hinter den verriegelten Fensterläden jenem „Lasterleben" frönen, von dem ihr Nachbar so unbarmherzig in seiner Morddrohung spricht.

Vom Schmerz des Großen neben dem Größeren

Johann Gottfried Herders Eintragungen
im „Tagebuch der Weltverwaltung"

Ach Herder, ich will, an die Kirchenmauer gelehnt, dein Elend für eine Viertelstunde aus der Nähe beobachten. Denn was macht zufriedener, als dem eigenen das größere fremde Leid zu vergleichen. Selbst aus der Vergangenheit heraus heilt und stärkt es. Und ist es ein historisches Leid, das wir kenntnisreich betrachten, so ist es ja kaum noch unanständig, wenn wir uns ein wenig daran weiden. Einen großen Teil unserer Wonne bezögen wir aus dem wie sonst nichts stärkenden Vergleich mit der Schwäche der anderen, hat dein wohl nicht ganz unverwandter späterer Weimarer Gesinnungsbruder Arthur Schopenhauer geäußert. Und der kannte sich mit den Abgründen in uns schon fast so gut aus wie danach Sigmund Freud, der uns bis heute damit kränkt, dass nicht wir selbst

Herr im eigenen inneren Haushalt sind, sondern Kräfte das Sagen haben, denen wir in der Regel nicht einmal weisungsbefugt.

Ja, es stimmt. Herders Leidensgeschichte in Weimar ist nicht zu Ende. Sie beginnt jeden Tag von neuem. Selbst die Sonne, die er in sein Motto „Licht, Liebe, Leben" einschließt, lässt ihn oft genug an der Kirchenmauer aus, wenn sie das übrige Weimar bescheint. Die Stadt ist wie geschaffen für seine Demütigung, die am Abend des 2. Oktober 1776 auf diesen Quadratmetern begann.

Während unweit von hier in herzoglichen Häusern und im Gartenhaus an der Ilm das Leben im Überfluss pulsiert, setzt die graue Kirchenmauer ihre unerbittliche Grenze. Wer von ihr regiert wird, ist von manchem ausgeschlossen. Noch heute könnte man dem Baumeister der Superintendentur vorwerfen: Viel zu dicht an der Kirchenmauer! Viel zu dunkel! Die junge Christiane von Laßberg aus dem Nachbarhaus ging von hier aus in die Ilm.

Als man 1850 Herders Denkmal vor der Kirche aufstellte – immerhin das erste von den großen Weimarer Denkmälern und damit vor Wieland, Goethe und Schiller –, geriet er wieder in den Schatten jener Kirche, den er in seinen siebenundzwanzig Jahren auf der anderen Seite des gewaltigen Mauerwerks für die Misere seines Lebens verantwortlich machte und dem er schon zu Lebzeiten so gern entkommen wollte.

Es ist der letzte Streich, den ihm „das klassische Weimar" spielte. Und er wirkt bis heute fort. Aus seinem oft verfluchten „Elend hinter der Kirche" zogen ihn die „Deutschen aller Lande" (so der

Denkmalsockel) wenige Meter um das Mauerwerk herum ins neue Elend vor der Kirche.

Wenige Jahre nach der Errichtung des Denkmals beklagt schon der Weimar-Reisende Adolf Stahr die Hintergründe seiner neuen Demütigung am ungeliebten Ort: „Wenn etwas die Wirkung des trefflichen Kunstwerks beeinträchtigt, so ist es der Ort seiner Aufstellung. Um den Platz, der als Marktplatz benutzt wird, frei zu halten, hat man die Statue nicht in dessen Mitte gestellt, sondern dieselbe hart an die Kirche gerückt, deren graue Mauerfarbe einen schlechten Hintergrund für das hellglänzende Metall bildet, während zugleich die kahle Architekturmasse die stattlichen Verhältnisse des Kunstwerks zusammendrückt. Man sagte mir, daß aus diesen und anderen Gründen vorgeschlagen worden sei das Standbild am Eingange des Parks aufzustellen, und ich weiß nicht, ob dies nicht in vielem Betrachte vorzuziehen gewesen wäre." Unrecht hat er nicht mit seiner Standplatzkritik von 1871, der Weimar-Reisende Adolf Stahr.

„Zusammengedrückt" haben sie ihn auch zu Lebzeiten oft genug, die „Verhältnisse", die ihm (dem vom Amt her eigentlich mächtigen Mann vor Ort) in der bescheidenen Metropole Sachsen-Weimars begegneten.

Er muss nach der Ankunft am Abend des 2. Oktober 1776 bald bemerkt haben, was auf ihn zukommt. „Schreib mir, wie Dir's mit Meubles gehen wird. Du kommst in ein leer Haus. Es ist noch ganz gut gebaut, hat einen großen Garten, in dem aber die Igel bauten", hat ihm sein seit einigen Monaten in Weimar heimischer und von Straßburg her bekannter „Schüler" Wolfgang Goethe geschrieben, der mit der Unterstützung des Herzogs seine Berufung als Generalsuperintendent gegen die Ortsinteressen durchgeboxt hat. (Immer wenn ich zufällig durch Bückeburg komme, Herders Dienstort vor Weimar, sehe ich die resolute Caroline, zwar hochschwanger, aber durchaus die wenigen „Meubles" im Griff, mit ihrem Gatten und dem zweijährigen Gottfried jun. in Richtung Weimar aufbrechen. Was muss das für eine Reise gewesen sein. Die wechselnden Frachtwagen unterwegs, das ständige Umpacken, und mittendrin der kleine Kerl, der Vater und Mutter auf seine Art in Schach hält.)

Dass der junge Goethe den „auswärtigen Bewerber" für das hohe Amt im Staat gegen alle Widerstände durchsetzen kann, ist natürlich auch deshalb möglich, weil Herder in Deutschland kein Unbekannter ist und ihm ein Ruf als Schriftsteller und Theologe vorauseilt. Sein Freund Goethe aus den Straßburger Tagen liegt ihm noch immer zu Füßen. Der fünf Jahre ältere Herder hat die junge Studentenclique, zu der auch Wolfgang Goethe gehörte, nach Lust und Laune auf seine Weise traktiert, wobei letztere, die Laune, bei Herder nach dem Zeugnis von Zeitgenossen ein wichtiger Faktor ist.

Wenn sie gemeinsam lesen, korrigiert er sie wie Erstklässler, und sie lassen es sich aus Bewunderung gefallen und auch deshalb, damit sie in seiner Nähe sein dürfen.

Vor allem Goethe hängt an ihm. Etwas „spazzenmäßig" hat ihn der überlegene Herder in einem Brief an seine Braut Caroline genannt. Möglicherweise schwang aber schon damals ein wenig Neid in solchen Formulierungen mit, gehörte Goethe doch wiederum zu jenem Darmstädter Kreis der „Empfindsamen", in dem Caroline verkehrte. Da macht es sich immer gut, einen potentiellen (dazu jüngeren!) Konkurrenten gelegentlich herabzusetzen.

Der „spazzenmäßige" ehemalige Schüler hat allerdings inzwischen einige Furore gemacht. Sein „Götz" und vor allem der Werther haben ihn über Nacht auf eine Weise zur öffentlichen Person erhoben, an die, nimmt man es genau, Herder nicht mehr herankommt. Mit Erstaunen erkennt der Übervater seinen eigenen Bedeutungsverlust.

Dabei war zumindest der „Götz", das „Gründungsdokument einer neuen Literatur", eigentlich für Herder geschrieben, weil der Schüler sehen wollte, was der Meister wohl dazu sagen würde. Und dieser erkennt den Triumph des „Schülers" durchaus. Zwar kann er noch nicht ganz einschätzen, ob der Triumph naiv inszeniert oder bereits überlegen kalkuliert ist. Aber er nimmt das „Ich kann es auch", schlimmer: „Ich kann es besser!", mit Erschrecken wahr. Verzehrenden Neidhass Herders auf „Götz" und Werther meint der Goethe-Biograph Nicholas Boyle zu entdecken.

So begegnet ihm etwas sehr Schlimmes, was dem Menschen widerfahren kann: in die Abhängigkeit eines ehemals Abhängigen zu geraten. Seien die Spielregeln des Umgangs noch so edel und ausgeglichen, sie können nur Groll zur Folge haben. Und so kommt es.

Herders Tragik verschärft sich um so mehr, wenn man bedenkt, dass er ja keineswegs der Mann aus dem zweiten Glied ist, sondern schlechthin der die Richtung Vorgebende, ein Leitstern seiner eigenen Epoche. Dann die Tragik: den noch Besseren, den Liebling der Götter akzeptieren zu müssen!

Nach dem „Rettungsmittel der Liebe als einziger Waffe gegen große Vorzüge eines anderen", von Goethe an anderer Stelle empfohlen, hat er gelegentlich greifen müssen und damit die ersten zehn gemeinsamen Weimarer Jahre in gewisser Weise als Fortsetzung des Straßburger Studentenlebens auf höherer Ebene gerettet, wenn nicht ermöglicht. Aber auf Dauer war es wohl nicht auszuhalten, als der Große den Größeren neben sich ertragen zu müssen.

Vermutlich wäre in Göttingen oder Königsberg tatsächlich ein anderer Herder zu beobachten gewesen. Als ein Angebot, ein ehrenvoller Ruf aus Göttingen, schließlich eintraf, war es zu spät. Arno Schmidt, der Herders Größe und Tragik in einer literarischen Charakterstudie mit dem alles umfassenden Untertitel „Vom Primzahlmenschen" umschreibt, hat die Unmöglichkeit der Flucht des achtfachen Vaters und Versorgers einer pflegebedürftigen Schwester aus seinen Weimarer Verhältnissen in „einem Alter, in dem man längst Diät ißt und spricht" (Herder ist Mitte fünfzig) auf sarkastische Weise umrissen.

Noch kann er anfangs hoffen, dass im täglichen Umgang mit Goethe alles ins rechte Lot kommt. In Weimar wird er, der Übervater, die Zügel wieder in die Hand nehmen und die Rangordnung richtigstellen. Genau dies jedoch ist nicht mehr möglich und verurteilt Herder zum Leben im Schatten der Kirchenmauer.

Neben die große Entfremdung mit dem ehemaligen Schüler Goethe gesellen sich die kleinen Beziehungskatastrophen, zum Beispiel Herders Schlamperei als Nutzer der Bibliothek. Ständig muss seine Bücherrückgabe angemahnt werden. Goethe als Chef der Bibliothek nimmt grollend Rücksicht. Detailschlamper werden auf Dauer auch immer zu Freundschaftsverbrechern. Unsere Toleranzenergie reicht für solche Belastungen nicht allzu lange.

Dann Herders bissige Kommentare, die für einen Seelsorger oft erstaunlich primitiv-verletzend daherkommen. Wie zum Beispiel im Falle der Bemerkung über Goethes Stück „Die natürliche Tochter" von 1803.

Trotz des inzwischen gespannten Verhältnisses hatte Herder sich in der Öffentlichkeit freundlich über das Stück geäußert. Goethe erfährt es und freut sich auf ein Gespräch. Aber seine Hoffnung wird arg enttäuscht. Der Konfirmator seines Sohnes August kann sich gegenüber dem Vater den verletzenden Kommentar nicht verkneifen: „Deine ‚Natürliche Tochter' gefällt mir viel besser als Dein natürlicher Sohn!" Den in Sachen seines Sohnes wie alle Väter der Welt übersensiblen Goethe trifft die Aussage ins Mark. Weiß der Vater, Psychologe und Seelsorger Herder nicht, dass Menschen nichts glücklicher stimmt als ein Lob ihrer Kinder und nichts sie nachtragender (und für den Verletzer folgenreicher) trifft als leichtfertige oder gar vernichtende Kritik derselben? „... ich sah ihn an, erwiderte nichts und die vielen Jahre unseres Zusammenseins erschreckten mich in diesem Symbol auf das fürchterlichste", erinnert sich Goethe. „So schieden wir und ich habe ihn nicht wieder gesehen." Dies geschieht etwa zwei Monate vor Herders Tod.

Der Vorfall reicht für die endgültige Trennung von dem Mann, dessen zustimmendes Urteil und dessen Anerkennung viele Jahre lang jede Zeile des großen Goethe sich zu erschleichen hoffte.

Ganz unschuldig an Herders Weimarer Misere ist Goethe nicht. Von Anfang an fehlen er und der Herzog im sonntäglichen Gottesdienst des Freundes, dessen Predigten in Riga zum Leidwesen der damaligen Amtsbrüder immerhin als die bestbesuchten galten. Dass Herder für diesen Berufseinstieg als erfolgreichster Prediger in Riga später doch auch bezahlen muss, wird nicht verwundern. Das Leben verlangt bekanntlich in den späten Berufsjahren stets zurück, was es in den ersten an Leichtigkeit und Überfluss gewährt hat.

Dass der Hof und die herzoglichen Kinder ab 1801 sich dem neuen, jüngeren Amtsbruder Karl Friedrich Horn zuwenden, versteht sich fast von selbst. Welchem langjährigen Amtsinhaber, ausgenommen dem glücklichen Narren, bleibt der siegreiche Auftritt der nachfolgenden Berufsgeneration erspart?

Dem Weimarer Cheftheologen, der Sonntag für Sonntag Epistel und Predigt unters Volk zu bringen hat und dies mit der ihm eigenen Fähigkeit durchaus leidenschaftlich tut, schreibt der dem Kirchlich-Religiösen inzwischen entfremdete Goethe einmal nebenbei: „Es bleibt wahr, das Mährchen von Christus ist die Ursache, daß die Welt noch 10/m Jahre stehen kann, und Niemand recht zu Verstand kommt." Und Herder muss jeden Sonntag auf die Kanzel, um dieses „Mährchen von Christus" weiterzugeben.

Überlegene Ignoranz gegenüber den Berufsgeschäften eines Freundes führt immer zum Problem. Wir benötigen auch in den Bereichen, die einen großen Teil unserer Lebenszeit beanspruchen, die Anerkennung unserer Umgebung und Freunde, zumindest das Ernstnehmen dessen, was wir tun. Fortwährende Ironie, Spott oder Überlegenheitsdemonstration gegenüber dem eigenen Pflichtenkreis erträgt niemand auf Dauer.

Verbitterung gewinnt im Verhältnis beider schließlich die Überhand, vor allem bei Herder. Aber wie soll er ohne den Kontakt, ohne den Austausch mit dem inneren Bruder Goethe zurechtkommen? Wir gehen ja nicht zugrunde an der Verfolgung durch die anderen (darauf könnten wir uns einstellen und ihr parieren), sondern an ihrer Distanz, an ihrer mangelnden Anerkennung, an ihrem Phlegma.

Einige Zeit nach Goethes Rückzug stirbt Herder, 59 Jahre alt. Aber bis zuletzt ist der „große Bruder" seinem Schüler Wolfgang Goethe nicht gleichgültig. Als die Gefahr besteht, dass ein Gläubiger achtzig Taler Schulden, die ein Sohn Herders gemacht hat, vom todkranken Vater eintreiben will, zahlt Goethe heimlich die Summe, damit Herders letzte Stunden nicht getrübt werden. Später erneuert Goethe in „Dichtung und Wahrheit" die alte Freundschaft, das größte Erlebnis seiner frühen Autorenjahre, und umarmt Herder in der Erinnerung an die Straßburger

Studententage noch einmal so liebevoll, dass auch wir ihn für alle Zeiten liebhaben können.

Nein, nein, er war kein fragwürdiger Charakter, wie der Kenner der Weimarer Verhältnisse Adolf Stahr später zu belegen sucht. Es war ja letzten Endes nichts anderes als die übliche Verstrickung, in die das Leben jede Freundschaft, jede langjährige Beziehung zu führen liebt und in die wir selbst auf eigene Weise nur allzu oft verwickelt sind (was sich schon durch den Umstand beweist, dass wir sie, die Verstrickungen, bei den anderen so treffsicher deuten können).

Bevor ich von der Dunkelheit meiner Mauerposition den Blick in Herders noch heute sehenswerten Garten werfe (eine der Sonnenseiten seines Lebens, am 2. Mai 1798 feiern sie hier unter den „blühenden Bäumen" mit den Kindern die Silberhochzeit), schnell einen Blick ins Ehegemach der noch heute intakten Superintendentur.

„Eine Henne, die da krähet, und ein Weib, das gelehrt ist, sind üble Vorboten: man schneide beiden den Hals ab!", zitiert er in einem frühen Brautbrief ein arabisches Sprichwort. Und Caroline Flachsland, jetzige Frau Herder, ist beides, krähende Henne und gelehrtes Weib. Nicht selten fliegen deshalb im frommen Haus die Fetzen. Schon nach dem ersten Kennenlernen hatte sie ihn gefragt, was ihm an ihr missfalle. Seine salomonische (zudem typisch Herdersche) Antwort: „Alles und darum habe ich Dich so lieb!" Das meiste von diesem „Missfallen" schlich sich mit in die Ehe. Sieben Söhne und eine Tochter sorgen für weitere Bewegung. Schiller persönlich hat die vielleicht interessanteste Ehezwist- und Versöhnungstechnik, von der wir in der deutschen Literatur Kenntnis haben, überliefert.

Von einer „egoistischen Einsamkeit" der beiden Herder, die aber „zusammen eine Art von heiliger Zweieinigkeit" bilde, berichtet er seinem Freund Körner aus der Weimarer Klatschspalte. Und natürlich geraten die beiden „Gottheiten zuweilen unter sich selbst aneinander", „weil beide stolz, beide heftig sind", schreibt Schiller.

Im Hause ist zum Glück genügend Platz, um sich auf einen eigenen Ehekriegsschauplatz zurückzuziehen. Kindliche Diplomaten transportieren die Kanonenkugeln in Form von Briefen „Treppe auf, Treppe nieder" aus den Ehegeschützen. Oft mehrere Tage lang, „bis sich endlich die Frau entschließt, in eigener Person" auf dem feindlichen Schlachtfeld zu erscheinen. Und dann klopft sie an die Tür, seine „liebe, zarte, geschlanke muntere Griechin, mit Ihrem kleinen Busen, mit Ihrem unschuldig pochenden Herzen, mit Ihren umschlingenden weißen Liebesarmen", „um in ihres Ehegemahls Zimmer zu treten, wo sie eine Stelle aus seinen Schriften rezitiert mit den Worten: ‚Wer das gemacht hat, muß ein Gott sein, und auf den kann niemand zürnen' – dann fällt ihr der besiegte Herder um den Hals, und die Fehde hat ein Ende."

Aber in Wirklichkeit haben die Fehden natürlich nie ein Ende. Und sie hat durchaus Anlass, ihre Geschütze in Stellung zu halten. Niemand vermutet den Charmeur im Generalsuperintendenten, aber es gibt ihn. Die Frauen stellen ihm nach, er genießt es, fördert es – und sie weiß es.

So etwa lauten die Zeugnisse von Verehrerinnen: „Wer mich entzückt und fast verliebt gemacht hat, das ist Herder ... so hat mir seit langer Zeit kein Mann gefallen ...", schreibt zum Beispiel Caroline Schlegel-Schelling, auch wegen ihrer Erfahrung im Umgang mit dem anderen Geschlecht „Madame Lucifer" genannt. Und als die Gräfin Bernstorff bei dem Generalsuperintendenten Privatunterricht in Griechisch nimmt, was beide außerordentlich an- und erregt, entschließt sich Ehefrau Caroline bald darauf vorsichtshalber zum Mitlernen.

Noch auf der Reise nach Italien muss er sie brieflich trösten, dass da neben ihr nichts Ernsthaftes ihn zu berühren vermag. „Was mich auch in Deinem Br. quält, ist der falsche ungläubige Wahn, den Du Dir über Dein Verhältnis zu mir machst u. nicht ablegen willst ... Ich sage Dir vor Gott, Du bist mein größestes Glück u. Gut auf Erden, dessen ich tausendfach nicht wert bin", schreibt er ihr am 13. August 1788 von der Reisestation Nürnberg.

Sie traut ihm trotzdem nicht. Diese Schwüre vor und bei Gott machen ja stets besonders misstrauisch. Wäre die bombastische Zeugenschaft nötig, wenn es nicht so unsicher wäre?

Mit einer der anmutigsten Eifersuchtserfahrungen, die dem Verheirateten begegnen können, antwortet sie ihm zwei Tage später: „... immer mischte sich der Gedanke ein: er ist glücklicher ohne Dich."

Aus Italien überspielt er schließlich in viel zu hohen Tönen das Lied der Malerin Angelika Kaufmann nach Weimar, so dass bei ihr wieder die Alarmglocken läuten. („Ich habe mehr als Eine verheirathete

Freundin gehabt, die mir keine Seite ihres Herzens verborgen gehalten", hat er der Braut einmal unvorsichtig geschrieben. Sie leidet noch immer unter diesem gefährlichen Satz und zerrt ihn oft hervor.)

Der Weimarer Gymnasiallehrer Böttiger berichtet von einer illustren Gesellschaft bei dem späteren Waisenhausgründer Falk, der ihn mit Wieland und Herder eingeladen hat. Aus irgendeinem Grunde ist auch die Schauspielerin Corona Schröter mit von der Partie (Goethe und der Herzog warben erfolglos um sie, was etwas heißen will. Der junge Goethe und Corona galten lange als das ideale Paar!).

„Die Liebe zu einer häßlichen Frau ist die dauerhafteste", erklären die vier turtelnden Gecken ausgerechnet der lebenden Weimarer Göttin. „Aber die Männer", wehrt sie sich, „suchen doch zuerst die Schönheit an der Frau, oder vielmehr an den Frauen. Denn an einer genügts nie", ergänzt die aufgrund von intensiver Belästigungserfahrung der männlichen Psyche sehr kundige Schauspielerin.

Seine Frau ist sicher nicht dabei, als ausgerechnet der höchste geistliche Sittenwächter des weimarischen Staates süffisant fragt, ob sie etwa nur eine Blume liebe. „Dieß war eine sehr *männliche* Frage", kontert die Schauspielerin, und Böttiger hebt das entscheidende Wörtchen tatsächlich in seiner Aufzeichnung hervor. Die Antwort muss ihm imponiert haben.

Die vier Gecken aber zischen und tuscheln vermutlich wie Halbwüchsige. (Man kann Männern, auch den größten Geistern, in dieser Art Rolle nicht genug misstrauen. Dass männliche Lüsternheit stets um mindestens eine Nasenlänge dem voraus ist, was weibliche Güte und Klugheit sich träumen lässt, ist vermutlich ein elementarer Geschlechterunterschied.)

Ich habe eine Bemerkung Falks aus seinen ersten Jahren mit Herder nie leicht genommen. „Seine breite, pfäffische Sinnlichkeit widersteht mir", hatte der Neubürger in Weimar über den geistlichen Würdenträger notiert.

Ostergottesdienst bei Herder. Ich bin nicht Goethe und besuche ihn in seiner Kirche, wann eben es möglich ist. Gern komme ich mit dem ersten Läuten, damit ich den Platz auf der Bank vor Herders Grab besetzen kann. „Denn der weise Dichter, der hier schläft, hatte der süßen / Anmut viel, ihm war Muse und Grazie hold", besingt er das Grab von Sophokles in seiner „Geschichte der Menschheit". Meine Schuhe versuchen die Grabplatte zu berühren. So lauschen Herder und ich dem Gottesdienst.

Aus der Wunde in Cranachs Altarbild fließt ununterbrochen das Blut Christi auf den Maler, der sich selbst vorn im Bild verewigt hat. „Der Leib vergeht. Das Werk nur hat Gestalt", sagt mein heimlicher Weimar-Reisegefährte Ludwig Bäte in seinem Gedicht „Lucas Cranach" über das einzigartige Kunstwerk, das bereits ein halbes Jahrtausend „Gestalt" beweist, während sein Schöpfer genauso lange drüben auf dem Jakobskirchhof verfällt. Und der nackte Adam wird hinter dem Kreuz noch immer von Tod und Teufel ins Höllenfeuer gehetzt. Verzweifelt versucht er zu entkommen. Luther, rechts im Bild, kümmert sich um nichts. Er weist lediglich mit seinem Finger auf die von ihm übersetzte Bibel. Schließlich hat er der Welt das „Sola scriptura", das „Allein die Schrift", geschenkt. Mehr scheint ihm nicht nötig.

Aus dem linken Altarflügel belauert mich die Gattin des Kurfürsten Johann Friedrich, Kurfürstin Sibylle aus dem Hause Jülich-Cleve, mit jenem gleichgültigen Blick alter Frauen, die in der Jugend sehr schön gewesen sind und seit dem Verlust dieser Schönheit nichts mehr vom Leben erwarten.

Ganz anders ihr bräsiger Gatte, der die Kirchenbesucher seit fast fünfhundert Jahren mit der Neugier alter Männer mustert, wie man sie von Bushaltestellen kennt.

Lucas Cranach hat sie oft gemalt. Das Schmuckstück der Weimarer Kunstsammlungen, die vierzehnjährige Sibylle, hängt drüben im Schloss. Sie war sein Lieblingsmotiv. Und immer malt er sie schön. Bis auf eine Ausnahme, die im Gothaer Museum zu finden ist. Da ist sie einige Jahre verheiratet und hat jenen kalten abgeklärten Blick angenommen, der auch junge Frauen zu entstellen vermag.

Wir singen aus dem Gesangbuch das Lied Nummer 334 mit dem etwas modern-kitschigen Titel „Danke". Herder, dessen Vater dem Jungen alle Kirchenlieder beigebracht hatte, kennt das neue Lied nicht. Ich singe für ihn mit. In den sechziger Jahren des zwanzigsten Jahrhunderts hat es mit seinem lockeren Text und der etwas nervösen Melodie über Nacht die Kirchenmusik revolutioniert.

Als wir nach der Predigt im stehend gesprochenen Glaubensbekenntnis die „Auferstehung der Toten und das ewige Leben" bekennen, hält Herder in seinem Kirchengrabschlaf dagegen: „Es gibt keine andere Form des Weiterlebens als Palingenesie" (Weiterleben in den Nachkommen. Anm. des Verfassers).

Wem soll ich glauben? Dem bedeutenden Theologen und Generalsuperintendenten, nach dem die Kirche benannt ist, oder seinem unbekannten, harmlosen gegenwärtigen Nachfolger, dessen Name die Kirche niemals tragen wird? Ich entscheide mich trotzdem für den Nachfolger und signalisiere dem Generalsuperintendenten durch einen Fußrüffel gegen die Grabplatte mein Missfallen.

Erst Monate später versöhne ich mich mit ihm im Lesesaal der Anna Amalia Bibliothek. Ich habe mir aus dem unterirdischen Bauch der verschlungenen Bücherwelt ein vergessenes Bändchen heraufholen lassen. Es ist 1794 bei Hartknoch in Riga erschienen und schläft vermutlich seit zweihundert Jahren ungestört in Anna Amalias engen Bücherbetten. Einen ganzen Vormittag spüre ich in der Stille des Lesesaals der Herderschen Argumentation nach, während draußen der Sommertag seine bezaubernden Albernheiten treibt.

Da ist nichts vorlaut Kirchlich-Dogmatisches als amtliche Beruhigung für den Glauben, nichts theologisch Zusammengestammeltes, sondern tiefe Redlichkeit menschlicher Erkenntnis- und Wissensmöglichkeit. In jedem Gedanken. Auf jeder Seite. Und alles in einer Sprache, die sich trotz ihrer notwendigen theologischen Terminologie einer heimlichen Lust zu Schönheit und Eleganz unterworfen hat, dass man nicht aufhören kann zu lesen.

Den theologischen Zankapfel der leiblichen Auferstehung Jesu zum Beispiel kommentiert er: „Die Wiedererweckung des gestorbenen Christus hat, menschlich gefaßt, etwas so Erhabnes, Rührendes und Schönes, daß, wenn sie eine Fabel wäre, wie sie es nicht ist, man ihr Wahrheit in der Geschichte wünschte." Kann man es besser sagen?

Was für Welten verschließt und öffnet er durch die sanfte Wortwahl des „*wie* sie es nicht ist" anstelle eines „*was* sie nicht ist" (das man ja vom Ersten Theologen des Staates gern erwarten würde).

„Mithin verbietet es (das Christentum, Anm. des Verf.) keinem denkenden Menschen, in den Tiefen der menschlichen Seele, im Natur- und im Weltlaufe nach Wahrscheinlichkeiten oder nach Gründen zu spähen, die eine Fortdauer nach dem Tode glaubhaft machen oder diesen Glauben befestigen ..."

Welch eine zarte Theologie fernab aller dogmatischen Rechthaberei. Dann Herders ebenso kluges wie schlichtes Fazit einer Jenseitshoffnung trotz aller Herausforderung unseres Verstandes: „Schön ist es, Menschenhoffnung aufzugeben und Gott allein sich zu vertraun."

Ich gewinne den alten Choleriker und Charmeur an diesem Vormittag im stillen Lesesaal so lieb, dass ich mir vornehme, nie wieder ernsthaft etwas gegen ihn zu sagen oder zu schreiben. Meinen Fußrüffel gegen sein Grab mache ich am Nachmittag mit einer aus seinem eigenen Garten entwendeten Rose gut.

Einige Tage nach meiner neuen Freundschaft mit dem Generalsuperintendenten stehe ich noch einmal in der Morgenfrühe hinter ihm an der Kirchenwand.

Kein böses, nicht einmal ein kritisches Wort soll über meine Lippen kommen. Puschkin drüben am Eingang zum Park (wo Herder ursprünglich hätte stehen sollen, ja, der Platz neben der Bibliothek wäre ihm gemäßer gewesen!) hat mir etwas verraten, was ich Herder unbedingt sagen will.

Als Puschkin dem sechzehn Jahre älteren Fürsten Wassilij Shukowskij, einem führenden Kopf der russischen Romantik, als Schriftsteller künstlerisch davonlief, schickte ihm Shukowskij ein Porträt und schrieb darunter: „Dem siegreichen Schüler von seinem besiegten Lehrer."

Ein solches Schreiben aus der Hand Herders an den jungen Goethe! Würde Rietschels wunderbares Doppelstandbild auf dem Theaterplatz nicht ein Dreierstandbild sein? Mit Herder in der Mitte zwischen Goethe und Schiller, anstatt hier im deprimierenden Schatten der Kirchenmauer?

Du hättest noch einmal die Führung übernehmen müssen, wie damals in Straßburg, sage ich und bin mir des unangemessenen Tons gegenüber einem Generalsuperintendenten bewusst.

Die beiden hätten es akzeptiert. Schiller, jung und anlehnungsbedürftig, mit freudiger Solidarität; Goethe, aus alter Bewunderung und herzlicher Neigung, ebenfalls. Dein verzehrender Kleinkampf gegen die beiden hat Deutschland und die ganze Welt unendlich viel gekostet und dich hier in den Schatten verbannt.

Aber wie könnte der Mensch seinen „irdischen Schranken", seinem „an sich selbst Erkranken" entkommen? Kann man es selbst? Steuert nicht auch die eigene Lebensgeschichte lieber in den Schatten, als dass sie zu solchen Briefen fähig wäre?

Mir ist, als lehne der große Herder es ab, sich dem Wort des Spaniers Calderón vom „an sich selbst Erkranken" zu beugen. Denn während ich mich vom Denkmal aus in Richtung des alten Gymnasiums neben der Kirche wende, meine ich hinter mir die nicht ohne Verbitterung (oder ist es Stolz, gar Drohung?) ausgestoßenen Worte zu hören: „Das Tagebuch der Weltverwaltung ist nicht in unseren Händen!" Zufällig weiß ich, woher sie stammen. „Herder, Von der Auferstehung, Riga 1794", sage ich über die Schulter zum Denkmal gewandt.

ANMERKUNGEN

Das Heer dienstbarer Anmerkungs-Geister steht nachfolgend bereit, um dem Leser weitere Einblicke in Seele und Material des Autors zu ermöglichen.

Die Ziffern vor den Anmerkungen geben dabei die Seite an, auf die sich die Anmerkung bezieht, während die kursiv gedruckte Worthinführung den Bezug zur Textstelle auf der Seite herstellt. Der * vor einer Anmerkung lädt ein zu einem besonderen Blick auf „den Menschen mit seinem unsinnigen Schatz an intellektuellen Glasperlen, seinem Aberglauben, seinen Wahnvorstellungen" (Louis Aragon), aber auch auf seine Glückseligkeiten, Logarithmentafeln und heiteren Dogmen.

9 *Uns bleibt lediglich der schmale Dachüberstand* – Im Jahr des Erscheinens dieses Buches befindet sich die kleine Rettungsinsel, die keine war, vor dem Eingang der Buchhandlung, die das Kaufhaus in der Schillerstraße abgelöst hat.

9 *mein Begleiter Ulli* – Hans-Ulrich Schomaker, geb. 1945. Von 1976 bis 2004 Studienrat/Oberstudienrat für Wirtschaftswissenschaften und Geschichte in Nordhorn.

9 *„Walle! walle"* – Goethe, Der Zauberlehrling. Goethezitate, künftig nach der Weimarer Ausgabe von 1887-1919 (WA, Abteilung, Band, Seite). Hier: WA I, 1, S. 215.

11 *dass „man hier in einem Tage"* – Friedrich Soret, Zehn Jahre bei Goethe, Erinnerungen an Weimars klassische Zeit 1822-1832, hrg. von H. H. Houben, Leipzig 1929, S. 9.

11 *Goethe selbst hat sich* – Das Zeugnis über die Gestalt der
Mignon in Wilhelm Meister findet sich im Gespräch mit
dem Kanzler von Müller vom 29.5.1814 (Gespräche nach
von Müller oder Eckermann künftig mit Datum nachgewiesen).

12 *„wie Menschen, Bücher, Landschaften, Zeiten"* – Formulierung
(ebenso wie das folgende *„zu Geist und Seele"*) aus dem
Kontext der Würdigung Emil Staigers „Ernst Beutler als
Literarhistoriker" im Jahrbuch des Freien Deutschen Hochstifts, Tübingen 1962, S. 4.

13 *Einstein hat nicht Recht* – In der Auseinandersetzung zwischen Einstein und Nils Bohr um das Atommodell geht es
u.a. um die Frage, ob die Natur „zielt" (Einstein) oder nicht
zielt (Bohr), also „spielt".

13 *Bertolt Brecht hat ihn mir aufgezwungen* – Bertolt Brecht, Die
unwürdige Greisin und andere Geschichten, Suhrkamp-TB
1746, 1. Aufl. 1990, S. 167-172.

13 *in denen man die Nacht liebt* – In Anlehnung an Karl Philipp
Moritz, Andreas Hartknopf, Stuttgart 2001, S. 84.

14 *ihn „allnächtlich von den Toten loszubitten"* – Walter Benjamin,
Gesammelte Schriften, Bd. 4, Frankfurt a. Main 1972, S.
355, über das Leben des alten Goethe zwischen Ruhebett
und Arbeitszimmer: „Und schlief er, so wartete daneben
sein Werk, um ihn allnächtlich von den Toten loszubitten."

14 *„nur die besten Morgenstunden daranwendend"* – Storm mit Blick
auf die Entstehung seiner Novelle „Aquis submersus".
Theodor Storm, Sämtliche Werke, Hg. Peter Goldammer,
Bd. 2, Berlin und Weimar 1986, S. 773.

14 *„weil ich mich morgens 4. Uhr"* – Herder am 22.6.1771 an
Caroline Flachsland. Hans Schauer (Hg.), Herders Briefwechsel mit Caroline Flachsland, 1. Bd., Schriften der Goethe-Gesellschaft 39, Weimar 1926, S. 245.

14 *„I Tagwerk noch vor'm Frühstück"* – Arno Schmidt, Nachwort

zu Coopers Conanchet, Bargfelder Ausgabe (künftig BA) III/4, S. 305.

15 *bereits meinem Buch „Ach Weimar"* – Vgl. Vorwort der Ausgabe Karl Koch, „Ach Weimar, geliebtes Weimar – Literarische, musikalische und theologische Spaziergänge durch die Klassikerstadt", Nordhorn 2006. Zur Rolle Arno Schmidts (1914-1979) als einem meiner „ständigen Weimar-Begleiter" neben Bernhard Rudolf Abeken (1780-1866) und Ludwig Bäte (1892-1977) vgl. in dieser Ausgabe S. 188 f.

* 16 *„eine zweite Jugend verschaffte"* – „Sie haben mir eine zweite Jugend verschafft und mich wieder zum Dichter gemacht, welches zu sein ich so gut als aufgehört hatte." Die großartige Würdigung von Schillers Bedeutung für Goethes Wiedergeburt als Dichter findet sich im langen Neujahrsbrief Goethes vom 5.1.1798. Inwieweit der schmalen Nebenbemerkung des Goethe-Handbuchs (Stuttgart Weimar 1998, Bd. 4/2, S. 947) „Erst der Nachwelt kamen Bedenken, ob G. sein Verhältnis zu Schiller wahrheitsgemäß gekennzeichnet habe" Aufmerksamkeit gelten darf, mag jeder Beobachter im Rahmen seiner Weltbetrachtungserschütterungslust beantworten.

18 *„Eine Riesenkloake"* – Zitiert nach Michael Klonovsky, Der Nachlaß des Antichristen. In: „Die Zeit" vom 1.11.1991.

19 *„Sofortiges Erkennen, Gelbbraune Farbe des Ganzen"* – Franz Kafka, Tagebücher 1910-1923, Gesammelte Werke, Hg. Max Brod, Fischer-TB-Ausgabe in 7 Bänden, Frankfurt a. Main 1983, S. 478.

20 *Werner Keller, Kölner Professor* – Prof. Dr. Dr. h.c. Werner Keller, Präsident der Goethe-Gesellschaft in Weimar von 1990 bis 1999. Seit 2000 Ehrenpräsident.

21 *Primus in Schulpforta* – Friedrich Nietzsche besuchte die protestantische Internatsschule Schulpforta in der Nähe von Bad Kösen in Sachsen-Anhalt von 1858 bis 1864.

23 *„Diese verfluchten Antisemiten-Fratzen"* – Nietzsche Ende Dez. 1887 an Elisabeth Förster. F. Nietzsche, Sämtliche Briefe. Kritische Studienausgabe in 8 Bänden, dtv, München 1986, Bd. 8, S. 219.

23 *„Ich lasse eben alle Antisemiten erschiessen"* – Nietzsche um den 4.1.1889 an Franz Overbeck, ebd., S. 575.

24 *Einen „beschränkten Eindruck"* – Zitiert nach Klaus Goch, Franziska Nietzsche, Insel-TB 1623, Frankfurt a. Main und Leipzig 1994, S. 281.

25 *Sein Freund Fritz Overbeck* – Ebd., S. 282.

25 *„so daß ich mich"* – Ebd., S. 283.

25 *„noch einmal seinen lieben Kopf"* – Ebd.

25 *„Worte des Widerwillens"* – Ebd.

26 *„Ich kann dem lieben Kinde"* – Ebd., S. 264.

26 *„Ich bin überhaupt oft des Lebens"* – Ebd., S. 248.

27 *„ein Deutsch, das niemandem zu Diensten steht"* – Peter von Matt, „Mein geliebtes Deutsch" - ja, welches denn eigentlich? In: Wirtschaft und Wissenschaft 4, 2004, S. 53 f.

27 *„Ist es nicht besser, in die Hände eines Mörders zu geraten"* – Nietzsche, Zarathustra, 1. Teil, Von der Keuschheit.

27 *„So wir nicht umkehren"* – Ebd., 4. und letzter Teil, Der freiwillige Bettler.

27 *„Welches Kind hätte nicht Grund"* – Ebd., 1. Teil, Von Kind und Ehe.

* 28 *in die er „tief verwickelt ist"* – Heinrich Scholz, Begegnung mit Nietzsche, Tübingen 1948. In seiner Schrift rechnet der Münsteraner Ordinarius für Mathematik, noch ganz unter dem Eindruck des Nationalsozialismus, mit Nietzsches Philosophie ab. Er kommt zu dem Ergebnis einer „tiefen

Mitschuld" Nietzsches an der deutschen Katastrophe.

28 *„mittelmäßigen Geist"* – Vgl. Arno Schmidt, Schwarze Spiegel, BA I/1, S. 237. Original: „mediokren Geist".

28 *„Machtverhimmler"* – Arno Schmidt, Leviathan oder die beste der Welten, BA I/1, S. 41.

29 *„ein Deutscher, der nie in seinem Leben"* – Arno Schmidt, DAS=LAND=AUS=DEM=MAN=FLÜCHTET, BA III/3, S. 386.

29 *wie Jacob Burckhardt vermutet* – Zitiert nach Albrecht Goes, Vorwort zu: Eduard Mörike, Werke in einem Band, Olten, Stuttgart, Salzburg, o. J., S. 17.

29 *„Schauerlich Rührenderes und Kläglichers"* – Thomas Mann, Doktor Faustus, TB-Ausgabe in 12 Bdn, Fischer Bücherei, Frankfurt a. Main und Hamburg 1967, Bd. MK 109, S. 506.

30 *ein peinlich verpfuschtes Leben* – Elisabeth Förster-Nietzsche (1846-1935) war mit ihrem Mann, dem wegen radikaler antisemitscher Umtriebe suspendierten Gymnasiallehrer Bernhard Förster (1843-1889) nach Paraguay ausgewandert, um das Projekt einer reinrassigen deutschen Kolonie zu verwirklichen. Angesichts des Scheiterns seines Projektes nahm Förster sich das Leben, während Elisabeth Förster-Nietzsche nach Deutschland zurückkehrte, wo sie sich unter Ausschaltung der Mutter zur alleinigen Fürsorgeberechtigten ihres Bruders durchsetzte.

30 *„die Verschiebung von Thatsachen"* – Goch (Anm. 24), S. 337.

30 *„einer der rücksichtsvollsten und höflichsten Menschen"* – Carl J. Burckhardt, Memorabilien, Erinnerungen und Begegnungen, München 1977, S. 29.

31 *wie der Philosoph Peter Sloterdijk* – In: Nietzsches 100. Todestag: „Trend-Designer" des Individualismus, „Spiegel"-Online vom 25.8.2000.

31 *„Die Neese längst pleng"* – Arno Schmidt, TINA oder über die Unsterblichkeit, BA I/2, S. 175.

31 *„Der Krieg und der Muth haben mehr grosse Dinge"* – Nietzsche, Zarathustra, 1. Teil, Vom Krieg und Kriegsvolke.

31 *„Menschliches Wesen, / Was ist's gewesen?* – Paul Gerhardt, Die güldne Sonne voll Freud und Wonne, 7. Strophe.

32 *Ernst Horneffer (1871-1954)* – Philologe und Philosoph, Professor für Philosophie an der Universität Gießen.

33 *der der „Sanftmut, herzlichen Verträglichkeit"* – Vgl. Lessing, Nathan der Weise, Ringparabel, III/7.

35 *„Einsam Gott zum erstenmal"* – Goethe, West-östlicher Divan, Buch Suleika, Wiederfinden.

35 *dass er ihn selbst „baute und bewahrte"* – Vgl. 1. Mose 1, 15.

36 *„Was wettet ihr?, den sollt ihr noch verlieren"* – Goethe, Faust, Prolog im Himmel.

37 *„Du großes Gestirn"* – Nietzsche, Zarathustra, Zarathustra's Vorrede.

38 *„Eine wunderbare Heiterkeit"* – Goethe, Werther, Brief vom 10. Mai.

39 *„Mit erhabner Schöpfungslust"* – Goethe, West-östlicher Divan, Buch Suleika, Wiederfinden.

39 *Noch vor kurzem hat ein Forscher* – Vgl. Joachim Müller-Jung, Die weise Taube, In: FAZ vom 13.12.2008, S. 42.

40 *Ganymed* – In seinem Gedicht Ganymed ändert Goethe die überlieferte Tradition des Adlers in das Motiv der Wolke, die den Jüngling Ganymed zu Zeus bringt.

40 *„Ich habe die Bäume vor vierzig Jahren"* – Johann Peter Eckermann, Gespräche mit Goethe in den letzten Jahren seines Lebens, Gespräch vom 22.3.1824.

41 *„Lieblichen Busens Formen"* – Goethe, Römische Elegien V, WA I, 1, S. 239.

41 *„Was denkst du denn von mir"* – John Milton, Paradise Lost (von 1667). Zitiert nach der Übersetzung von Johann Jakob Bodmer, Verlohrnes Paradies, Verbesserte Übersetzung, Zürich 1780, S. 286.

42 da *„er auch schon vierzig Jahre alt ist"* – Caroline Herder am 8.3.1789 an ihren Mann in Rom, Biedermann, Goethes Gespräche, Fünf Bände in sechs Teilbänden. Ergänzt und hrg. von Wolfgang Herwig, München 1998, Bd. 1, S. 471.

43 *„Wie wünscht' ich / fest zu halten"* – Goethe, Der neue Pausias und sein Blumenmädchen, WA I, 1, S. 275.

43 *„die alten Erinnerungen"* – Goethe am 16.3.1824 im Gespräch mit dem Kanzler von Müller.

43 *Physico-Theologica* – Die physicotheologische Bewegung verdankt ihre wichtigsten Anregungen einem Werk des Theologen und Naturwissenschaftlers William Derham (1657-1735) von 1713, der „Physico-Theologica, or a demonstration of the being and attributes of God, from the works of creation".

44 *„Du wirst kein Buch finden"* – Jacob Böhme, De tribus principiis oder Beschreibung der drei Prinzipien göttlichen Wesens. Sämtliche Schriften, Faksimile-Neudruck der Ausgabe von 1730 in 11 Bdn., neu hrg. von Will-Erich Peuckert, Stuttgart 1955-1961, Bd. 2, Kap. 8, Abschnitt 12.

* 44 *Goethe kannte Jacob Böhme* – Dem 4. Teil seiner Lebensbeschreibung „Dichtung und Wahrheit" stellt Goethe das Motto „Nemo contra Deum nisi deus ipse" (Niemand versuche Gott, er sei denn selber ein Gott) voran. Die Herkunft des Zitates ist unklar, Goethes Quellenhinweis stimmt nicht. Vermutlich hat der Dichter das Wort selbst abgewandelt oder geschaffen. Ein Gedankengang dieser Art findet sich jedoch bei dem Mystiker Jacob Böhme in seiner „Aurora oder Morgenröte im Aufgang" (von 1612). In einer Betrachtung des Verhältnisses Gott – Lucifer heißt es über den gefallenen Lucifer: „Sprichst du nun: Wie hat er solche Macht gehabt? Ja, er hat sie gehabt, denn er ist ein großer Teil der Gottheit gewesen und dazu aus dem Kern." – „Du sprichst nun: Gott hätte ihm Widerstand tun sollen, daß es nicht so weit gekommen wäre. Ja lieber blinder Mensch, es stand nicht ein Mensch oder ein Tier vor Gott, sondern es war Gott wider Gott, ein Starker wider einen Starken" (Zitiert nach: Goethe-Jahrbuch 1966, S. 309). Jacob Böhme spricht also von einem Rechtsverhältnis zwischen Gott und Lucifer, wodurch Gott gehindert wird, das Böse zu beseitigen.

44 *„Tue deine Augen auf"* – Jacob Böhme, Aurora oder Morgenröte im Aufgang, Sämtliche Schriften (Anm. 44), Bd. 1, Kap. 9, Abschnitt 32.

44 *„simple, harmlose Wonne"* – Goethe, Werther, Brief vom 21. Junius.

45 *„Nie, seitdem er sich mit Diamanten schmückt"* – Louis Aragon, Der Pariser Bauer, Aus dem Franz. von Lydia Babilas, Bibliothek Suhrkamp, Frankfurt a. Main 2006, S. 134. Dort auch das Zitat aus der Einführung zu den Anmerkungen *„den Menschen mit seinem unsinnigen Schatz"*, S. 135 f.

46 *„der harmloseste Spaziergang kostet"* – Goethe, Werther, Brief vom 18. Aug.

46 *mit ihrer „ekelhaften Schweinerei"* – Michel Houellebecq, Elementarteilchen, Aus dem Franz. von U. Wittmann, 9. Aufl. 2001, Köln 1999, S. 39. Houellebecqs Romangestalt Michael macht sich lustig über rührselige Tier-Fernsehsendungen: „Im ganzen gesehen war die ungezähmte Natur nichts anderes als eine ekelhafte Schweinerei; im ganzen gesehen rechtfertigte die ungezähmte Natur eine totale Zerstörung, einen universellen Holocaust – und die Aufgabe des Menschen auf der Erde bestand vermutlich darin, diesen Holocaust herbeizuführen."

47 *„Pflanzenfleischer"* – Arno Schmidt, Die 10 Kammern des Blaubart, BA III/4, S. 109.

47 *„Abgesägt=unglücklich" und „Sir Jagadis Chandra Bose"* – Arno Schmidt, Der sanfte Unmensch, BA II/2, S. 74.

47 *wenn der Kohlkopf sprechen könnte* – In Anlehnung an Bertolt Brechts Gedanken in „Puntila", dass es keine Schlachthöfe gäbe, wenn die Kühe sich besprechen könnten.

47 *„auch die Kreatur sehnt sich"* – NT, Röm. 8, 22.

48 *in Schuberts „Winterreise"* – Von Franz Schubert (1797-1828) vertonter Gedichtzyklus des Dichters Wilhelm Müller (1794-1827). Darin „Der Leiermann".

49 mit dem *„bloßen, hauenden Schwert"* – Vgl. 1. Mose 3, 24.

49 *Der geniale Baumeister Coudray* – Clemens Wenzeslaus Coudray (1775-1845), weimarischer Baumeister zur Goethezeit.

49 sie *„stolzirt unten auf der Wiese"* – Gerlinde Ulm Sanford (Hg.), Goethes Briefwechsel mit seinem Sohn August, Bd. 1 Text, Weimar 2005, S. 799.

51 *Er „sei kein Wundertier"* – Der Bescheid erging an den Offizier Detlev von Uexküll, der um einen Besuchstermin gebeten hatte, Goethe-Jahrbuch 1966, S. 306.

51 *Nur „der Abwesende ist eine ideale Person"* – Goethe am 19.10.1829 an Zelter, WA IV, 46, S. 110.

52 *Ein „Heiligtum, das in Europa"* – Wolfgang Goetz, Fünfzig Jahre Goethe-Gesellschaft., Schriften der Goethe-Gesellschaft 49, Weimar 1936, S. 102.

52 *„Wenn Sie nichts zu erinnern finden"* – Hans Tümmler (Hg.), Goethes Briefwechsel mit Christian Gottlob Voigt, Bd. I., Schriften der Goethe-Gesellschaft 53, Weimar 1949, S. 78.

52 *„Der Anhang, der Anhang!"* – Bernhard Rudolf Abeken, Goethe in meinem Leben, Hg. Adolf Heuermann, Weimar 1904, S. 256.

54 *„er war seit langem schon umgezogen"* – Albert Vigoleis Thelen,
Goethe anonymus. Ein Essay aus dem Goethejahr 1949,
Aldus-Presse Reicheneck 1999, S. 6.

* 55 *Aufnahme in Deutschland* – Neben Hamann, Herder und
Wieland gehörte der junge Frankfurter Goethe zu den frühen Shakespeare-Jüngern in Deutschland. 1771 erschien
sein Aufsatz „Zum Shäkespears Tag" (WA I, 37, S. 127-
135). Neben dem Philosophen Spinoza und dem Botaniker
Linné sprach Goethe von Shakespeare als einem seiner
drei Lebensheiligen.

* 55 *„In den nächsten Tagen kamen viele Amerikaner"* – Auszug aus
dem Erinnerungsprotokoll des Museumsangestellten Otto
Korduan vom 15.3.1963, wiedergegeben nach der schriftlichen Auskunft der Stiftung Weimarer Klassik, Goethe- und
Schiller-Archiv, vom 14.5.2003 an den Verfasser. Der Museumsangestellte meint sich an einen Zettel mit der Aufschrift „Das Haus, in dem der große Dichter Goethe lebte,
wirkte und starb, ist vor jeglicher Beschädigung zu schützen"
zu erinnern. Der Zettel sei in englischer Sprache abgefasst
gewesen. (Es handelt sich also um eine „übersetzte Erinnerung" eines des Englischen vermutlich kaum mächtigen
Zeitzeugen.) Andere Überlieferung tradiert die Aufschrift:
„This is the house of Goethe. He was a great poet." Es ist
nicht ausgeschlossen, dass es sich bei Korduans Erinnerung
bereits um einen zweiten, „obrigkeitlichen Schutzbrief" handelt. Korduan spricht von einem Offizier, der den von Direktor Hans Wahl eingerahmten Hinweis veranlasst habe.
Dass der erste Schutz bzw. die Rettung des Goethehauses
durch die Amerikaner erfolgte, mag ein Grund dafür sein,
dass dieser wichtige Akt für Weimar während der sowjetischen Besatzungszeit im Gegensatz zu den vielfältig doku-
mentierten Verdiensten der sowjetischen Militäradministra-
tion so gut wie ignoriert wurde.

57 *„eigentlich blos Trümmer"* – Christian Schuchardt, Goethe's
Kunstsammlungen, 3 Bde., Jena 1848-1849, Bd. 1, S. VI.

57 *„damit ich sogleich meine Morgenandacht"* – Goethe, Italiänische Reise, WA I, 30, S. 239.

58 *„Ein gewisser Charakter von Härte"* – Zitiert nach: Walther Rehm, Götterstille und Göttertrauer. In: Jahrbuch des Freien Deutschen Hochstifts Frankfurt am Main 1931, S. 246.

59 *„Es schwebet, selbst auf den Gesichtszügen"* – Ebd., S. 247.

59 *„Wir hatten alles"* – Ebd., S. 284.

61 *„Sein Haus frappiert"* – Jean Paul über seinen ersten Besuch bei Goethe. Biedermann, Goethes Gespräche (Anm. 42), Bd. 1, S. 643.

61 *Friedrich August Wolf (1759-1824)* – Philologe, 1783 Professor in Halle, ab 1807 in Berlin. Natürlich ist es eine bedenkliche Verkürzung der Lebensgeschichte Wolfs, den verdienten Wissenschaftler auf seine Rechthaberei zu beschränken. Goethes ebenso bissige wie humorvolle Hervorhebung dieses Wolfschen Charakterzuges verführt dazu.

62 *„daß er alles was man sagen kann"* – Goethe am 28.8.1816 an Zelter, WA 4, 27, S. 148 f.

62 *„Jener im Widerspruch Ersoffene"* – Goethe am 7.11.1816 an Zelter, WA 4, 27, S. 221. Hier auch die Formulierung vom „vortrefflichen Unerträglichen".

62 *„das Vieh"* nennt Christa Wolf ihn – Christa Wolf, Kassandra, Darmstadt und Neuwied 1983, S. 84.

62 *„Was ist das für ein Krieger"* – Jürgen Manthey, Die Unsterblichkeit Achills. Vom Ursprung des Erzählens, München-Wien 1997, S. 24. Mit ebenso nüchterner wie faszinierender Analyse untersucht Manthey Werke der Weltliteratur auf ihren, zumeist sorgfältig versteckten, „Achilles-Faktor" hin. Er wird dabei auf überraschende Weise fündig von Homer bis Peter Weiss.

63 *„Er kann nun einmal diese Sachen"* – Caroline Herder am
    18.3.1803 an Knebel. Biedermann, Goethes Gespräche
    (Anm. 42), Bd. 1, S. 880.

64 *Goethes Urfreund Knebel* – Karl Ludwig von Knebel (1744-
    1834), zunächst preuß. Offizier, ab 1774 Prinzenerzieher in
    Weimar. 1781 Ruheständler. Schriftsteller und Übersetzer.

65 *„daß Sie in keinem einzigen Stück Ihrer häuslichen Ordnung"* –
    Schiller am 7.9.1794 an Goethe. Emil Steiger (Hg.), Der
    Briefwechsel zwischen Schiller und Goethe, Insel-TB 250,
    1. Aufl. Frankfurt a. Main 1977, S. 46.

67 *„eine solche infame Mordmaschine zu kaufen"* – Goethes Mutter
    am 23.12.1793 an den Sohn. Bernhard Suphan (Hg.), Brie-
    fe von Goethes Mutter an ihren Sohn, Christiane und Au-
    gust v. Goethe, Schriften der Goethe-Gesellschaft 4, Wei-
    mar 1889, S. 32.

67 *„in allem etwas mäßiger als vorm Jahre"* – Goethe am 3.6.1808
    an August, WA IV, 20, S. 73.

68 *„Die erste Zeit hat er"* – Christiane von Goethe am 16.5.1808
    an August, Goethe-Jahrbuch 1889, S. 7.

68 *„um 11 Uhr ist mir immer"* – Ebd., S. 14.

69 *Weisser, der Bildhauer* – Karl Gottlieb Weisser (1780-1815),
    Bildhauer in Weimar. Jutta Hecker hat Weisser in ihrer Er-
    zählung „Die Maske" (1957, Volksverlag Weimar) ein
    Denkmal gesetzt.

69 *„den gänzlich unklassischen Bettschatz"* – In einem Leserbrief
    in der Wochenzeitung „Die Zeit" vom 11.11.2004 klagt ein
    Niederländer darüber, dass bei der Suche nach dem
    schönsten deutschen Wort das Wort „Habseligkeiten" dem
    seiner Meinung schönsten deutschen Wort, nämlich dem
    „Bettschatz", vorgezogen wurde.

69 *„Ich ging im Walde"* – Bei dem „Silberhochzeitsgruß" in der
    Vitrine handelt es sich um das vielleicht bekannteste Goe-

the-Gedicht. Unter dem Titel „Gefunden" hat es Aufnahme in die Lesebücher fast aller bisherigen Nach-Goethe-Generationen gefunden.

71 *„Es ist unglaublich, wie der Umgang der Weiber"* – Goethe am 14.12.1808 zu Kanzler von Müller. Biedermann, Goethes Gespräche (Anm. 42), Bd. 2, S. 393.

72 *Von der erträglichen Leichtigkeit* – In Anlehnung an Milan Kunderas Titel „Die unerträgliche Leichtigkeit des Seins".

* 72 *bedenklich abgründigen Gedicht „Das Tagebuch"* – Von einer „lange(n) Inkubationszeit" spricht das Goethe-Handbuch (Band 1, Gedichte, S. 339 ff). Großherzogin Sophie verbot zunächst den Abdruck in der Weimarer Ausgabe. Nach dem Tod der Herzogin fand es 1910, sorgsam versteckt unter „Nachträgen", in der I. Abteilung dann doch Aufnahme. Das Gedicht handelt von der Impotenz eines Reisenden, dem sich im Gasthaus ein junges Kammermädchen ins Nachtlager gesellt. Das Resümee in der letzten Strophe: „Wir stolpern wohl auf unsrer Lebensreise, / Und doch vermögen in der Welt, der tollen, / Zwei Hebel viel aufs irdische Getriebe: / Sehr viel die P f l i c h t, unendlich mehr die L i e b e !" (WA I, 5.2, S. 345 ff).

73 *„Das ist eins der schrecklichsten Dinge in der Ehe"* – Wilhelm von Humboldt an seine Frau. Brief vom 17.6.1812, Biedermann, Goethes Gespräche (Anm. 42), Bd. 2, S. 728.

74 *indem sie von dessen „Methode" berichtet* – Der Theologe Schleiermacher in einem drastischen Urteil über den „Frauenhelden" Jean Paul anlässlich dessen Aufenthalts in Berlin: „... er will eigentlich nur Weiber sehen, zum Glück ist es auch so, daß die Weiber auch alle ihn sehen wollen." Nach: Jean Paul, Traumwelten, Schriftenreihe des Jean-Paul-Museums Joditz, Band 1, Joditz 2001, S. 116.

74 *„er ist ein Narr"* – Christiane Vulpius am 21.11.1798 an Goethe, Hans Gerhard Gräf (Hg.), Goethes Ehe in Briefen, Insel-Verlag 1956, S. 108 f.

75 *Die Gedichte, die in diesen Monaten entstehen* – Interessante Einblicke in die Krisenperiode um 1796/97 gewähren auch N. Boyle, Goethe II, 1791-1803, München 1999, S. 598–635; E. Kleßmann, Christiane, Zürich 1992; S. Damm, Christiane und Goethe, Frankfurt a. Main und Leipzig 1998; F. Dieckmann, Geglückte Balance. Auf Goethe blickend, Frankfurt a. Main und Leipzig 2008 (Letzterer mit einem wunderbaren biographisch-psychologischen Blick auf die in dieser Zeit entstandene Ballade „Der Schatzgräber").

76 *„Höre, Mutter, nun die letzte Bitte"* – Goethe, Die Braut von Corinth, WA I, 1, S. 219.

76 *„Und mit ausgestreckten Armen"* – Goethe, Der Gott und die Bajadere, ebd. S. 227.

77 *„Du bist mein; und nun ist das Meine"* – Goethe, Hermann und Dorothea, Neunter Gesang, WA I, 50, S. 267.

78 *„Behalte mich ja lieb!"* – Goethe an Christiane am 10.9.1792, WA IV, 10, S. 18.

78 *„Die Liebe das beste!"* – Goethe am 7.6.1815 an Christiane, WA IV, 26, S. 7.

78 *„Die Ehe war eine zufriedene"* – Ernestine E. C. Augusti, Gattin des Philosophieprofessors Johann C. W. Augusti in ihren „Erinnerungen". Zitiert nach: Biedermann, Goethes Gespräche (Anm. 42), Bd. 2, S. 1198.

* 78 *„Du weißt, daß wir deine liebe Gemahlin"* – Knebel am 10.6.1816 an Goethe, Goethe's und Knebel's Briefwechsel 1774-1832, Zweiter Theil, Leipzig 1854, S. 194. Neben Knebels Zeugnis der Hochachtung für Christiane von Goethe treten die Zeugnisse der Verleumdung. Mit Blick auf Letztere wird allerdings oft vergessen, welchen Reiz es z.B. auf kleine Geister oder Wichtigtuer ausüben musste, „Heldengeschichten" über den eigenen Umgang mit dem großen Goethe und seiner Familie zu verbreiten. Ein Bei-

spiel dieser Art liefert vermutlich u.a. der Oberforstmeister von Stein-Nordheim (vgl. Biedermann, Goethes Gespräche, Anm. 42, Bd. 1, S. 880).

79 *Er habe „mit der Herzogin-Mutter"* – Goethe am 14.2.1776 an Johanna Fahlmer, WA IV, 3, S. 29.

81 *trotz Felix Mendelssohns begeisternden Vorspiels* – Felix Mendelssohn Bartholdy (1809-1847) spielte schon als Kind auf dem Streicher-Flügel im Juno-Zimmer.

81 *Maria Szymanowska (1789-1831)* – Polnische Pianistin, besuchte Goethe in den belasteten Wochen nach der erfolglosen Werbung um Ulrike von Levetzow Ende Oktober 1823 in Weimar und gab mehrere Konzerte in Goethes Haus. Goethe hatte der Pianistin bereits im August für ihr Spiel in Marienbad die Widmung „Aussöhnung" (der die Zitate „Wer beschwichtigt ..." und „Den Götter-Wert der Töne ..." entnommen sind, WA I, 3, S. 27) ins Stammbuch geschrieben.

81 *Den Liebesteufel von Marienbad* – Dass Martin Walser seinen Roman „Ein liebender Mann" (Reinbek 2008), der dem Verhältnis Goethes zu Ulrike von Levetzow nachsinnt, mit einem im letzten Satz skurrilen Unter-die-Bettdecke-Schielen schließt, darf man belächeln oder bedauern. Der Verfasser *dieser* Zeilen war bemüht, einem solchen Blick trotz aller Schlafzimmerphilosophie an keiner Stelle nachzugehen.

82 *Karl Friedrich Zelter (1758-1832)* – Ursprünglich Bauhandwerker und -unternehmer, später Komponist, Chorleiter und Musikpädagoge. Goethes Altersduzfreund, mit dem er von 1799 bis 1832 regen Briefverkehr pflegte.

83 *bedarf keines musikalischen Vormunds* – Den „unterschätzten Musiker" Goethe rehabilitiert Hans Joachim Schaefer auf interessante (und notwendige) Weise in seiner Studie „Goethe und die Musik. Variationen über ein unterschätztes Thema". (Jahresgabe 1992/93 der Goethe-Gesellschaft Kassel, Verlag Jenior & Preßler, Kassel o. J.)

83 *Pfingsten 1822 kann Zelter wieder einmal* – Zelter am 26.6.1822 an Goethe. Max Hecker (Hg.), Briefwechsel zwischen Goethe und Zelter 1819-1827, Zweiter Bd., Insel-TB 950, Frankfurt a. Main 1987, S. 190-201.

83 *Herrnhuter Brüdergemeine* – Die heute weltweit vertretene Herrnhuter Brüdergemeine entstand unter dem Patronat von Nikolaus Ludwig Graf von Zinzendorf (1700-1760) in Herrnhut (Niederlausitz).

85 *„Gefahr, die von einem Spiegelbild ausgeht"* – K. R. Eissler, Goethe, Eine psychoanalytische Studie, 1775-1786, Bd. 1, dtv-TB-Ausgabe, München 1987, S. 73.

85 *„Die Züge ihres Gesichts"* – Goethe in „Dichtung und Wahrheit" (DuW) über seine Schwester Cornelia, WA I, 27, S. 23 f. Cornelia selbst klagt als verheiratete Frau ein halbes Jahr vor ihrem Tod: „... und da schleiche ich denn ziemlich langsam durch die Welt mit einem Körper, der nirgends hin als ins Grab taugt." (Zitiert nach Ernst Beutler, Essays um Goethe, Bd. I, Wiesbaden 1946, S. 199)

86 *„Das Übel betraf nun auch unser Haus"* – Goethe in DuW über seine Pockenkrankheit, WA I, 26, S. 52.

86 *Von „seinem blassen, mit mäßigen Pockengruben"* – Gustav von Norrmann an Julie von Hirtental, Biedermann, Goethes Gespräche (Anm 42.), Bd. 1, S. 251.

86 *„zu Hautkrisen noch in hohen Jahren sehr geneigte(n) Haut"* – Goethes Hausarzt Vogel, Die letzte Krankheit Göthes. Biedermann, Goethes Gespräche (Anm. 42), Bd. 5, S. 12.

87 *des Schulmeisterleins Maria Wuz* – Jean Paul schreibt im „Leben des vergnügten Schulmeisterlein Maria Wuz": „Ich wüßt' aber nicht, womit der Welt in dieser Minute mehr gedient ist, als wenn ich ihr den räsonierenden Katalog dieser Kunststücke und Schnurrpfeifereien zuwende, den mir der Patient zuwandte."

88 *„Warum ich leidenschaftlich diesem Geschöpfe"* – Goethe am 23.7.1820 an den Botaniker Nees von Esenbeck über seine Versuche mit dem Bryophyllum calycinum (Brutpflanze), WA IV, 33, S. 127. Eine eigene kleine Abhandlung zur Brutpflanze findet sich in WA II, 6, S. 336 ff.

89 *der mehr als 1000-seitige Faustkommentar* – Gemeint ist der Faustkommentar von Albrecht Schöne, Insel-TB, Frankfurt a. Main und Leipzig 2003.

90 *„Da ist kürzlich der Sömmering gestorben"* – Frederic Soret, Zehn Jahre bei Goethe (Anm. 11), S. 404.

91 *„die innere Einsamkeit von Goethes Altersschaffen"* – Ernst Beutler, Drei Essays über Goethe, Kleine Vandenhoeck-Reihe 40, Göttingen 1957, S. 78.

92 *„Schwerer Dienste tägliche Bewahrung"* – Goethe, West-östlicher Divan, Buch des Parsen, Vermächtnis.

92 *„Wenn der Alte so hätte wohnen können"* – Friedrich Wilhelm Riemers Tagebücher 1832-1845, Jahrbuch der Sammlung Kippenberg 5, 1925, S. 59.

93 *„daß ich weder an Haus, Sammlung"* – Johannes Schultze, Der Plan eines Goethe-Nationaldenkmals in Weimar, Goethe-Jahrbuch 1926, S. 248 f.

93 *„Ich habe ein paar der schönsten Frühmorgen"* – Knebel am 2.7.1810 an Goethe, Goethe's und Knebel's Briefwechsel (Anm. 78), S. 6.

95 *„zwischen Koth und Not"* – Goethe am 16.10.1792 an J. G. und C. Herder, WA IV, 10, S. 36.

* 96 *„und ihr könnt sagen"* – Der berühmte Satz (WA I, 33, S. 75), dreißig Jahre nach dem Geschehen auf dem Schlachtfeld mit Bezug auf die Kanonade von Valmy entstanden, verrät wenig von der peinlichen Rolle, die dem poetischen Frontbegleiter Goethe in jenen Tagen zugefallen war. Etwas nüchterner die Zeilen an die Mutter in Frankfurt: „Keine

Feder und keine Zunge kann das Elend der combinirten Armee beschreiben." (WA IV, 10, S. 35)

96 *„Meine Ankunft in Weimar"* – Goethe, Campagne in Frankreich 1792, WA I, 33, S. 248 f.

99 *An den Wassern der Ilm* – Mit Bezug zu dem Bibelvers aus Psalm 137, 1: „An den Wassern zu Babel saßen wir und weinten, wenn wir an Zion gedachten."

100 *Rabbi Eliezer und Rabbi Jehoschua* – Die Geschichte von den streitenden Rabbis, die Gottes Richterspruch mit dem Argument „Die Thora ist nicht im Himmel, sondern den Menschen zur Auslegung übergeben" zurückweisen, findet sich im Talmudtraktat bBaba Mezia 59 b.

*101 *Erasmus von Rotterdam zum Beispiel* – Der von Erasmus von Rotterdam (1465-1536) überlieferte Gedanke, dass, sollte Gott uns für die Hölle bestimmt haben, wir ihn auch dort loben wollen, setzt auf so ungewöhnliche Weise der göttlichen Macht des Gerichts eine Grenze, dass man geradezu von einem Sieg des Geschöpfes über seinen Schöpfer sprechen möchte. Erasmus ist im Übrigen der erste abendländische Theologe, der darauf hinweist, dass die biblische Sprache von den ewigen Höllenstrafen allegorisch zu verstehen sei (was er später unter dem Druck der Kirche zurücknimmt). Lessings „Nathan" nimmt in letzter Konsequenz den Gottesbildern der drei Weltreligionen Judentum, Christentum und Islam ihre Allmacht, indem er einen höheren „Richterspruch" konstatiert.

101 *„Erwacht und jauchzet"* – Vgl. Jes. 26, 19 und die apokryphe Schrift Jesus Sirach 14, 16 und 17, 27 u. 28. Hier: Übersetzung nach Herder, Von der Auferstehung, als Glauben, Geschichte und Lehre, Riga 1794.

102 *Die Weimar-Chronistin Jutta Hecker* – Vgl. Anm. 69, S. 112.

103 *„Wohl kein Bankhaus der Welt"* – Eva Schmidt, Jüdische Familien im Weimar der Klassik und Nachklassik, Weimarer Schriften Nr. 48, Weimar 1993, S.60.

104 *wie seinerzeit in Babylon* – Vgl. Anm. 99.

106 *sein fürstlicher Kollege Carl August* – Hermann Freiherr von Egloffstein, Carl August im niederländischen Feldzug 1814, Schriften der Goethe-Gesellschaft 40, Weimar 1927, S. 7.

106 *dass der Hass auf Napoleon* – Vgl. Johann George Scheffner, Mein Leben, wie ich es selbst beschrieben, Königsberg 1821, S. 273. Scheffners Gedanken zum preußischen Neid auf den Staatsmann Napoleon ausführlich in: Jürgen Manthey, Königsberg. Geschichte einer Weltbürgerrepublik, München und Wien 2005, dtv-TB 2006, S. 345 f.

107 *Goethe hat darum gewusst* – Zum Kontext „Goethe und Napoleon" sehr aufschlussreich: Gustav Seibt, Goethe und Napoleon: Eine historische Begegnung, München 2008, ebenso: Rita Seifert, Goethe und Napoleon, Begegnungen und Gespräche, Weimar 2007.

107 *Die Weimarer Lehrerin Eva Schmidt* – Dr. Eva Schmidt (1897-1988) arbeitete nach 1945 als Historikerin die jüdische Geschichte Weimars bis 1850 auf und initiierte wesentlich die Rekonstruierung des jüdischen Friedhofs der Stadt. Vgl. dazu: Eva Schmidt (Anm. 103); und Erika Müller/Harry Stein, Jüdische Familien in Weimar. Ihre Verfolgung und Vernichtung. Weimarer Schriften Nr. 55, Weimar 1998.

108 *Kommunismus und Judentum* – Es wird Zufall sein, aber übersehen muss man es nicht: In den gängigen Weimar-Führern der DDR-Zeit wird jede Erwähnung der ehemaligen Topographie unterlassen. So findet sich in Fritz Kühnlenz' informativem Band „Erlebtes Weimar" von 1956 ebenso wenig der geringste Hinweis wie in der kleinen Aufbau-Ausgabe „Weimar – Ein Führer durch die Stadt" oder im weit verbreiteten „Weimar-Stadtführer-Atlas" aus dem VEB Tourist Verlag Berlin/Leipzig.

108 *ein kleiner verwachsener Jude* – August Lewald, Ein Menschenleben, Leipzig 1844, Bd. 1, S. 98 f.

*109 *Kommen einem nicht vor Freude* – Leider ist auch Kants Haltung in Sachen Antisemitismus nicht ungetrübt. So berichtet sein Königsberger Landsmann J. G. Hamann (1730-1788) seinem Freund Herder von Kants Missfallen an Lessings „Nathan", das darin begründet sei, dass er, Kant, „keinen Helden aus diesem Volke leiden kann". Hamanns weiterer Kommentar: „So göttlich streng ist unsere Philosophie in ihren Vorurteilen bey aller ihrer Tolerantz und Unpartheylichkeit!" (Hamann am 6.5.1779 an Herder; Johann Georg Hamann, Briefwechsel 1778-1782, Hg. Arthur Henkel, 4. Bd., Wiesbaden 1959, S. 77.)

109 *„Er führte seine Mutter"* – Abraham Mendelssohn am 1.9.1797 an Zelter. Mitgeteilt von Anton Kippenberg, Jahrbuch der Sammlung Kippenberg 4, Leipzig 1924, S. 73.

*110 *Der nur kann Göthe stolz finden* – Ebd., S. 75. Leider bleibt Abraham Mendelssohn der „Verrat" seiner beiden Vorbilder Goethe und Zelter nicht erspart. In deren posthum veröffentlichtem Briefwechsel muss er manchen ihn schmerzlich berührenden Satz über seiner Familie Judentum zur Kenntnis nehmen. Darin befindliche Bemerkungen über seinen Sohn, den bei Goethe wohlgelittenen Felix („Er ist zwar ein Judensohn, aber kein Jude") und andere sprachliche Lieblosigkeiten trüben sein Bild der beiden bisher Verehrten so sehr, dass er an Felix klagt: „Jeder Brief ein Stich ins Herz." In: Abraham und Lea Mendelssohn Bartholdy an Felix Mendelssohn Bartholdy, 16. Dezember 1833, Grüne Bücher, Bd. 2, Nr. 172.

110 *„Goethe ist so freundlich"* – Felix Mendelssohn Bartholdy, Briefe einer Reise durch Deutschland, Italien und die Schweiz, Hg. Peter Sutermeister, Zürich 1958, S. 21 f.

111 *eine Göttinger Musikwissenschaftlerin* – In ihrem Aufsatz „Die Reise nach Thule: Felix Mendelssohns Goethebild als Schlüssel zum Verständnis der ‚Italienischen Symphonie'" (Goethe-Jahrbuch 2007, S. 54 ff.) legt Hanna Stegbauer überzeugende Gründe für die schon früher geäußerte

Vermutung vor, warum das Hauptthema des zweiten Satzes der 4. Symphonie „in nur geringfügiger Abwandlung" eine „nicht zu überhörende Ähnlichkeit" mit Goethes „König in Thule" in der Zelterschen Vertonung aufweist. Hanna Stegbauer deutet diesen Umstand als Ausdruck der „Norden-Sehnsucht" des sich in Italien immer weniger wohl fühlenden jungen Komponisten und somit versteckten Gruß an den „Thule"-Verfasser Goethe in Weimar und Felix' Lehrmeister Zelter in Berlin.

112 *dass sich die Juden nach ihrem Tod* – Herder überliefert in seiner Schrift „Von der Auferstehung" das ungewöhnliche Bild, dass die Juden, „wenn sie außer Judäa begraben sind, sie unter der Erde sich dahin wälzen ..." (S. 120).

117 *„Und da duftets wie vor alters"* – Goethe, West-östlicher Divan, WA I, 6 (und I, 7 Noten und Abhandlungen zu besserem Verständniß des West-östlichen Divans), Hier: Buch des Sängers, Im Gegenwärtigen Vergangnes (Divan-Zitate künftig nicht in jedem Fall nachgewiesen).

*117 *Hafis' und Goethes „heiliges Exempel"* – Der persische Dichter Hafis (Mohammad Schemseddin Hafis, um 1320 bis um 1390, im Orient auch als Mystiker, Sufi, verehrt) wurde in Europa durch die 1812 von dem Orientalisten Joseph von Hammer herausgegebene übersetzte Sammlung seiner „Diwan"-Gedichte bekannt. Die etwa fünfhundert Lieder des Hafis, wesentlich dem Wein und der Liebe ergeben, spiegeln eine Lebenshaltung, eine „Religion" wider, die den still und weise gewordenen Olympier am Frauenplan in Werther-Stimmung versetzt. Zur Verbrüderung mit dem persischen Sänger ist das Ernstnehmen der fremden Weltreligion für ihn dabei unabdingbar. *„Heiliges Exempel":* Mit Bezug zu dem Divan-Gedicht „Erschaffen und Beleben" (das erste Divan-Gedicht Goethes; Buch des Sängers).

117 *zwei gewaltige Patriarchenstühle* – Das Goethe- und Hafis-Denkmal wurde als Schenkung der UNESCO an die Stiftung Weimarer Klassik am 12.7.2000 eingeweiht. Im Feb-

ruar 2009 haben der Weimarer Oberbürgermeister und sein Amtskollege in Schiraz ein Memorandum über eine künftige Städtefreundschaft unterzeichnet (Thüringische Landeszeitung vom 12.2.2009).

118 *„Führer mit Entzücken"* – Goethe, West-östlicher Divan, Buch des Sängers, Hegire.

118 *„bösen Felsweg auf und nieder"* – Ebd. Hier darf, ohne jede Absicht des Dichters, an das enge „Nadelöhr" auf dem Weg vom unteren zum oberen Parkteil gedacht werden.

118 *der Goetheforscher Ernst Beutler* – Goethe, West-östlicher Divan. Unter Mitwirkung von Hans Heinrich Schaeder hrg. und erläutert von Ernst Beutler, Leipzig 1943, S. 329 f.

*119 *den großen „Brückenbauer zwischen Ost und West"* – Die Forscherin Katharina Mommsen hat Goethes Beziehungen zur islamischen Welt umfangreich Aufmerksamkeit geschenkt. Vgl. u.a. K. Mommsen, Goethe und der Islam, Hg. Peter von Arnim, Frankfurt a. Main 2001. Wer es historisch-esoterisch mag, darf sich angesichts der zu seiner Zeit in der Tat ungewöhnlichen Sympathie Goethes für den Islam vielleicht ein paar Sekunden an den vermeintlichen türkischen Goethe-Vorfahren Sadok Selim Soltan aus dem württembergischen Brackenheim erinnern. Regieren womöglich über Jahrhunderte schlummernde genealogische Erbschaften unsere Neigungen mit? (Vgl. Anm. 148)

119 *„unglücklichsten Mann im ganzen Vaterland"* – Thomas Mann schreibt in „Lotte in Weimar" über Goethes Vereinsamung in den Freiheitskriegen: „Deutschlands großer Dichter war zu jener Zeit der unglücklichste Mann in der Stadt, im Herzogtum, wahrscheinlich im ganzen, zu hohen Gefühlen hingerissenen Vaterland." Thomas Mann, Lotte in Weimar, Nachdruck der Erstausgabe Stockholm 1939, S. Fischer-Verlag 1967, S. 167. f.

121 *300-Jahrfeier der Reformation* – Goethe, Zum Reformationsfest, WA I, 42.2, S. 32-34.

121 *„Schiras, als den poetischen Mittelpunct"* – Goethe am 23.1.1815 an Schlosser, WA IV, 25, S. 165.

121 *Graf Uwarow* – Goethe am 18.5.1818 an Uwarow, WA IV, 29, S. 176.

122 *„dem Lande des Glaubens"* – Ebd., S. 164.

122 *„Nun tranken sie alle"* – Beutler, Divan (Anm. 118), S. 55.

123 *Die Rolle jener himmlischen Paradiesjungfrauen* – Der Islam verheißt den Gläubigen das Paradies in überaus sinnlichen Bildern. Von jeher meinten christliche Theologen dem Islam gerade diese Sinnlichkeit als verdächtiges Indiz der Fragwürdigkeit seiner Offenbarung entgegenhalten zu können.

124 *Marianne von Willemer* (1784-1860) – Goethe lernte die Schauspielerin und Tänzerin im August 1814 bei dem Frankfurter Bankier Johann Jakob von Willemer, dessen Gattin sie kurz darauf wurde, kennen. Sie ist wohl die einzige Frau, die mit eigenen Gedichten im Werk Goethes Eingang gefunden hat, allerdings unter seinem Namen.

125 *In einem Gespräch, das Eckermann wiedergibt* – Eckermann, Gespräche, 4.2.1829.

126 *„Der Islam und die reformierte Religion"* – Goethe in einem Gespräch mit dem Kanzler von Müller (Gespräch vom 28.3.1819). Vgl. auch: Karl Koch, Goethes lebenslange „Neigung" zum reformierten Bekenntnis. In: Thomas K. Kuhn / Hans-Georg Ulrichs (Hg.), Reformierter Protestantismus vor den Herausforderungen der Neuzeit. Vorträge der sechsten Emder Tagung zur Geschichte des reformierten Protestantismus, Wuppertal 2008, S. 205-214.

127 *Goethes Urabneigung gegenüber der Trinitätslehre* – Die lange frühchristliche Auseinandersetzung um die Frage, ob Jesus von Nazareth nur der vornehmste und edelste Mensch oder selber Gott gewesen, wurde 325 auf dem Konzil von Nizäa aufgrund des Einflusses von Kaiser Konstantin mit Blick auf die Staatsräson zugunsten der Göttlichkeit Jesu entschieden.

127 die „*Vorfreude auf den Totalschaden*" – Jürgen Manthey, Die
Unsterblichkeit Achills (Anm. 62), S. 120. Vgl. besonders
auch das Kapitel „Propheten; Apokalypse", S. 115 ff.
Hochinteressant der scharfe Blick des Autors auf die im
Werk jüngerer Autoren der Weltliteratur oft nicht weniger
vorhandene „Vorfreude auf einen Totalschaden an mensch-
lichen Leben und Werken", zum Beispiel bei Brecht oder
Arno Schmidt.

*128 „*Wahrheitsmonopolisten*" – H. B. Nisbet, Lessing, München
2008, konstatiert nach Lessing als verlässlichste Kriterien
für eine mögliche Wahrheitsannäherung erstens „anhal-
tende rationale Diskussion" und zweitens „das sittliche
Verhalten, demgemäß die Überzeugungen derer, die das
Leben ihrer Mitmenschen am meisten bereichern, aller
Wahrscheinlichkeit nach gültiger – oder jedenfalls kon-
struktiver – sind als die Überzeugungen derer, die das nicht
tun" (S. 868 f.).

128 „*Wenn Gott in seiner Rechten alle Wahrheit*" – Gotthold Eph-
raim Lessing, Sämtliche Schriften, Hg. Karl Lachmann, 3.
aufs neue durchges. u. vermehrte Aufl., besorgt durch
Franz Muncker, 23 Bde., Stuttgart/Leipzig/Berlin 1886-
1924, Bd. XIII, S. 23 f.

*128 *Liegt es vielleicht lediglich an unserem Naturell* – Natürlich liegt
es nicht nur an unserem Naturell, wo wir unsere religiöse,
weltanschauliche Heimat finden. Tradition, Erziehung,
Ausbildung, Interessen, Begegnungsprozesse, Zufälligkei-
ten (so beleidigend dieser letzte Aspekt sein mag) bestim-
men unsere Position. Nichts aber erweist sich als so be-
ständig und zuverlässig wie das Erbe derjenigen, „die von
Kindheit an uns Proben ihrer Liebe gegeben" (Lessing in
der „Ringparabel" des „Nathan"). Eltern, Großeltern, Ge-
schwister, Erzieher und Lehrkräfte mögen hier bevorzugt
zu nennen sein. Es spricht viel dafür, sich im Rahmen der
vertrauten Regeln dieser Lebensheimat zu bewegen, es sei
denn, dass in diesen „Proben" kalter, den Menschen und
seine Rechte wie Sehnsüchte missachtender Wahrheits-

monopolismus dem entgegensteht. Auch die, von deren „Proben ihrer Liebe" wir zehren, waren verführbar und konnten irren. In diesen Fällen mag die Suche nach neuer, besserer Heimat notwendig sein.

128 *„Gute Nacht ich bin besoffen"* – Goethe am 16.10.1767 an Behrisch, WA IV, I, S. 120.

129 *Altersfrechheit* – Arno Schmidt, Bedeutend; Aber ..., Ernst Kreuder: AGIMOS oder die Weltgehilfen, BA III/3, S. 499.

130 *der Quantenphysiker Werner Heisenberg* – Vgl. David C. Cassidy, Werner Heisenberg. Leben und Werk, Heidelberg und Berlin 2001, S. 108.

130 *„Von dem, was weiter als 100 Jahre zurückliegt"* – Arno Schmidt, Hundert Jahre, einem Manne zum Gedenken, BA II/2, S. 148.

131 *„Eine Logarithmentafel auf dem Schreibtisch"* – Arno Schmidt, ebd., S. 170.

131 *der Bundestagspräsident* – Der „Spiegel" 8/2001, S. 31, berichtet vom Besuch des damaligen Bundestagspräsidenten Thierse an Hafis' Grab in Schiras.

132 *Nicht „abtreten" aber kann ich* – Schaikh 'Abdalqadir Al-Murabit, Goethe als Muslim, Islamische Zeitung Nr. 5, Weimar, 19.12.1995. Dass sich bei Goethe Gedanken aus Werk-Steinbrüchen zu komplexen Gebäuden formen lassen, ist eine altbekannte und gern umgesetzte Versuchung. Ihr unterliegt in auffälliger Weise auch der in obigem Artikel erbrachte „Nachweis" der Islam-Zugehörigkeit des Dichters, der sich im Wesentlichen auf den „Divan" und auf Gespräche mit Eckermann und Müller stützt.

133 *Der „dezidirte Nichtkrist"* – Er sei „kein Widerkrist, kein Unkrist aber doch ein dezidirter Nichtkrist" schreibt Goethe am 29.7.1782 an Johann Caspar Lavater. (WA IV, 6, S. 20)

*134 *Historisch kritische Forschung* – Wie ungewöhnlich souverän Goethe mit der Bibel umzugehen gewohnt war, wird u.a. deutlich an einer Bemerkung in den „Noten und Abhandlungen zu besserem Verständnis des West-östlichen Divans": „Kein Schade geschieht den heiligen Schriften, so wenig als jeder anderen Überlieferung, wenn wir sie mit kritischem Sinne behandeln, wenn wir aufdecken, worin sie sich widerspricht und wie oft das Ursprüngliche, Bessere, durch nachherige Zusätze, Einschaltungen und Accommodationen verdeckt, ja entstellt worden. Der innerliche, eigentliche Ur- und Grundwert geht nur desto lebhafter und reiner hervor ... (WA I, 7. S. 181 f.)

135 *im Haus von Madame Schopenhauer* – Wilhelm Bode schildert in „Goethes Lebenskunst", 31. Aufl. Berlin 1929, S. 105, die ursprünglich von dem Theologen und Schriftsteller Stephan Schütze (1771-1839) überlieferte Szene. Jutta Hecker beschreibt in der Erzählung „Die Maske" (Anm. 69) den Vorleser des „Standhaften Prinzen", Goethe, im Haus der Johanna Schopenhauer aus der Sicht des Bildhauers Karl Gottlieb Weisser.

137 *Adam Mickiewicz (1798-1855)* – Dichterfürst Polens. Zur Errichtung seines Denkmals in Weimar am 2.9.1956 erklärte der anwesende polnische Botschafter Albrecht: „Die Adam-Mickiewicz-Büste in Weimar ist ein Beweis der sich ständig festigenden Zusammenarbeit zwischen dem deutschen und dem polnischen Volke, sie ist ein Werk wahrer Freundschaft!" („Das Volk" vom 3.9.1956)

137 *„Jede Dame solle"* – Aus dem Bericht des Reisegefährten A. E. Odyniec von 1829. Hier wiedergegeben nach: Adam Mickiewicz, Dich anschaun. Liebesgedichte. Übertragen von Karl Dedecius, Insel-Bücherei Nr. 1192, Frankfurt a. Main und Leipzig 1998, S. 59.

138 *„genialischem Hausarzt"* – Goethe über seinen Hausarzt Karl Vogel (1798-1864), Eckermann, Gespräche, Zweiter Teil, 24.1.1830.

138 *„Ein Zauber ging von Mickiewicz aus"* – Louis Fürnberg, Die Begegnung in Weimar, Aufbau TB, Berlin 1995, S. 98.

139 *„Von allen Polen interessiert mich"* – Zitiert nach Gudrun Ziegler, Puschkin, rororo-Bildmonographien Nr. 50279, 5. Aufl., Reinbek 2001, S. 119.

140 *„Auf den Gräbern edler Polen"* – Nikolaus Lenau, Werke und Briefe, Bd. 1, Wien 1995, S. 39.

141 *Louis Fürnberg (1909-1957)* – Louis Fürnberg, Im Weimarer Park. In: Und Sterne wandern, wie ich geh. Gedichte, Lieder, Songs. Berlin 1981, S. 89.

141 *„wenn er schon mit Polen"* – Olga Dobijanka-Witzakowa, Noch ein Beitrag zum Thema „Goethe in Polen". In: Goethe-Jahrbuch 1983, S. 66. Die Autorin fasst in ihrem Beitrag die historische Goethe-Rezeption in Polen zusammen und spricht von „drei Barrieren", die es zu überwinden gelte: Sprache, Goethes Werk als Herausforderung an die Allgemeinbildung und die Goethe in allen Werken eigene „Versöhnungsmentalität", die der polnischen „Konfliktliteratur" fremd sei.

*142 *wenn Hafis, Shakespeare, Voltaire* – Ohne den Einfluss der in diesem Abschnitt genannten „Götter der Weltliteratur" ist die Weimarer Klassik nicht denkbar. Auf ihren (und vielen weiteren) Schultern ruhen Wielands, Herders, Goethes und Schillers literarische Werke. Jeder von ihnen besäße einen unantastbaren (und in einigen Fällen dankbar Gestalt gewordenen) Denkmalanspruch in Weimar. Die demgegenüber von Parteipolitik realisierte Denkmalsmeile Mickiewicz, Puschkin, Petöfi kann trotz der von ihrer literaturgeschichtlichen Rolle her „unschuldigen" erstklassigen Repräsentanten nur als schmerzlicher Eingriff in die Weimarer Denkmalslandschaft empfunden werden. Was ist zu tun, um die Weimarer „Wunde" der sozialistischen Denkmalsmeile zu heilen, ohne neuen Schmerz, neue Peinlichkeit zu verursachen? Der Verfasser weiß es nicht, hält es aber auch nicht für statthaft, das Thema zu tabuisieren.

*142 *Was, wenn Homer, Ovid, Dante, Petrarca* – Auch ohne Nachweis konkreter Bezüge zum klassischen Weimar gilt auch für alle in diesem Abschnitt genannten großen Namen Goethes Wort von den Riesen, auf deren Schultern man stehe. Nur für Mickiewicz, Puschkin und Petöfi gilt dies zufällig nicht. Würde man im Allgemeinen den Denkmalsmaßstab anlegen, dem Mickiewicz, Puschkin und Petöfi ihre Anwesenheit im Weimarer Park verdanken, stünde man einer Legion von Möglichkeiten gegenüber. Bemerkenswert in diesem Kontext ist noch, dass es in den drei Einflussgebieten der Siegermächte USA, England und Frankreich vergleichbare „Denkmalsgesten" offensichtlich nicht gegeben hat.

142 *„und am Ende sind es denn"* – Goethe am 25.12.1829 an Zelter, Goethe/Zelter-Briefwechsel (Anm. 83), Bd. 3, S. 263.

144 *„Denn ganz zu enträtseln"* – Adam Mickiewicz, Dich anschaun (Anm. 137), S. 61.

147 *Zarskoje Selo* – Russische Zarenresidenz bei St. Petersburg.

147 *Alexander Puschkin (1799-1837)* – Das Denkmal des großen russischen Dichters (von Johannes Friedrich Rogge, Dresden) wurde am 27.11.1949 vom Vizepräsidenten der Gesellschaft für Deutsch-Sowjetische Freundschaft Fritz Heilmann im Beisein von Innenminister Gebhardt und Landtagspräsident August Frölich der Stadt Weimar übergeben, um „noch mehr als bisher unsere Freundschaft mit dem großen Sowjetvolk, das an der Spitze der Friedenskräfte in der Welt steht, unter Beweis (zu) stellen" („Thüringer Volk" vom 28.11.1949).

147 *„Es hat noch keinen Dichter gegeben"* – Dostojewski - Rede über Puschkin am 8. Juni 1880 vor der Versammlung des Vereins „Freunde russischer Dichtung". Mit einem Essay von Volker Braun, Hg. Sabine Groenewold, EVA Reden Bd. 6, Europäische Verlagsanstalt, o. J., S. 33 f.

148 *„Häßlicher Nachkomme von Negern"* – Zitiert nach Gudrun Ziegler, Puschkin (Anm. 139), S. 46.

148 *Haile Selassi I. (1892-1975)* – Kaiser von Äthiopien.

*148 *Dass auch Goethe möglicherweise* – In die Vorfahrenreihe Goethes lässt sich nach Darstellung einiger Forscher im 14. Jahrhundert ein türkischer Ahnherr namens Sadok Selim Soltan aus dem württembergischen Brackenheim einreihen. Dieser dürfte im Zuge des Niedergangs des Byzantinischen Reiches und damit verbundener Kriegshandlungen nach Deutschland gekommen sein. Eine andere Linie kommt zur Zeit des Nationalsozialismus ins Gespräch. Gegen häufige Anfragen, „die angebliche jüdische Vorfahrenschaft Goethes durch die L i n d h e i m e r s, die gelegentlich auch leichtfertig in der Presse behauptet worden ist", betreffend, wehrt sich im Goethe-Jahrbuch 1936, S. 75, der Direktor des Goethe-Nationalmuseums Hans Wahl. Goethes Großmutter mütterlicherseits, Anna Margaretha Textor, war eine geborene Lindheimer. Wahls 1936 entsprechend engagierte Argumentation gegen eine jüdische Abstammung Goethes gipfelt nach der Präsentation einer sorgfältig kommentierten Ahnenreihe der Familie in dem Resümee: „Die Lindheimers tragen also seit Luthers Tagen als Frankfurter Bürgergeschlecht ihren Herkunftsnamen, Jahrhunderte, bevor es dem Juden möglich war, seinen Vornamen dem seines Herkunftsortes beizufügen." (Dass der sprachsensible Goetheforscher hier mit der Formulierung „dem Juden" den harten Singular wählt, ist sicher dem Geist der Zeit geschuldet.) Die Vorstellung, Wahl wäre auf eine jüdische Verwurzelung des mütterlichen Zweiges Goethes gestoßen, ist nicht ohne Reiz. Was hätte ein „jüdisch versippter Goethe" für die sich in diesen Jahren dem braunen Geist weitgehend annähernde Goethe-Gesellschaft und –Forschung, darüber hinaus für die gesamte Kultur der nationalsozialistischen Epoche, bedeutet?

149 *„Damit ich aufs neue"* – A. Puschkin, Gedichte, Russisch/Deutsch, übersetzt von Kay Borowsky und Rudolf Pollach, Reclam 3731, Stuttgart 1998, S. 15.

150 *„Faust ist die größte Schöpfung"* – Zitiert nach Walther Mediger, In: A.S. Puschkins „Szene aus Faust", Goethe-Jahrbuch 1952/1953, S. 203.

150 *„das geistige Phänomen des Russentums"* – Maximilian von Propper, Goethe und Puschkin – Wahrheit und Legende, Goethe-Jahrbuch 1950, S. 259.

152 *„Nein ich werde nicht ganz sterben"* – Zitiert nach: Gudrun Ziegler, Puschkin (Anm. 139), S. 143.

152 *„Ein schwacher und verschlagener Herrscher"* – Puschkin, Gedichte (Anm. 149), S. 139.

152 *„Vom Zaren abhängen"* – Ebd., S. 123.

152 *„Nach eigener Laune hier und dort umherwandern"* – Ebd.

153 *„Auf Georgiens Hügeln"* – Ebd., S. 138.

154 *„Mit jedem Herbst blühe ich von neuem auf"* – Ebd., S. 115.

155 *„Sándor Petöfi"* – Die Büste des ungarischen Dichters und Nationalhelden Sándor Petöfi (1823-1849) wurde 1976 im Beisein des Botschafters der Ungarischen Volksrepublik Dr. M. Szürös „im Geiste des internationalistischen Humanismus" („Das Volk" vom 27.3.1976) im Park enthüllt.

156 *„Petöfi dem Sonnengott"* – Bettine von Arnim, Werke und Briefe in 4 Bänden, Hg. von Walter Schmitz und Sibylle von Steinsdorff, Frankfurt a. Main 1995, Bd. 3, S. 676.

156 *Carl August nebenan* – Vgl. Paul Bailleu, Herzog Karl August, Goethe und die ungarische Königskrone, Goethe-Jahrbuch 1899, S. 144 ff. (Alle Zitate dort)

158 *„Zerschlagt die Throne"* – Zitiert nach: „Der neue Pester Lloyd - Die deutschsprachige Zeitung Ungarns", zum 150. Todestag von Sándor Petöfi, am 31.7.1999. - Petöfi-Zitate aus dem Ungarischen von Martin Remané und Josef Steinbach.

159 *„Meine Freundin Hella Wertheim"* – Zur Lebensgeschichte
Hella Wertheims: Hella Wertheim, Manfred Rockel, Immer
alles geduldig getragen, Als Mädchen in Theresienstadt,
Auschwitz und Lenzing, Nordhorn 1992.

160 *unter der modernen demokratischen Krone* – Wie „lockend" der
„Zauber einer Königskrone" bis in die demokratische Wirklichkeit hineinwirken kann, beweist u.a. die Schauspielerin
Katharina Thalbach in einem FAZ-Interview: „Monarchie –
am besten mit einer Königin – ist gar keine so schlechte
Staatsform, finde ich, weil sie nicht so verlogen wie unsere
sogenannte Demokratie ist." („Wir im Osten hatten mehr
Sex und mehr zu lachen", Interview mit Katharina Thalbach,
FAZ vom 21.11.2008, S. 42). Wie allerdings eine „Monarchie
ohne Demokratie" im 21. Jahrhundert vorstellbar sein soll,
verschweigt Katharina Thalbach.

161 *„Gott erhalte Franz, den Kaiser"* – Die Regierungsepoche
Kaiser Franz-Josephs I. von Österreich-Ungarn (1830-
1916) von 1848 bis 1916 gilt bis heute als die große, glückliche Zeit Österreich-Ungarns. Die Melodie des Liedes
wurde später für die deutsche Nationalhymne übernommen.

163 *dass er dem Freund Meyer von einer „Hühnertreppe"* – Goethe
am 8.8.1796 an Meyer, Goethes Briefwechsel mit Heinrich
Meyer, 1. Bd., Hg. Max Hecker, Schriften der Goethe-
Gesellschaft 32, Weimar 1917, S. 310.

167 *„die Wirkung des trefflichen Kunstwerks"* – Adolf Stahr, Weimar und Jena, Zweite sehr vermehrte Auflage, Erster
Band, Berlin 1871, S. 49.

167 *„Schreib mir, wie Dir's mit Meubles"* – Goethe am 10.7.1776
an Herder, WA IV, 3, S. 85 f.

169 *„Gründungsdokument einer neuen Literatur"* – Boyle, Goethe II
(Anm. 75), S. 361.

169 *Verzehrenden Neidhass* – Vgl. ebd.

170 *„Vom Primzahlmenschen"* – Arno Schmidt, HERDER oder vom Primzahl=Menschen, BA II/2, S. 100-135.

170 *„in dem man längst Diät ißt und spricht"* – Arno Schmidt, ebd., S. 133. Wie anders in diesem Kontext Theodor Fontanes schöne Perspektive zum 60. Geburtstag: „Ich fange erst an. Nichts liegt hinter mir, alles vor mir ..." (Theodor Fontane, Autobiographische Schriften, Bd. III/2, Berlin und Weimar 1982, S. 295).

171 *„Deine ‚Natürliche Tochter‘"* – Vgl. Boyle, Goethe II (Anm. 75), S. 915 f.

172 *„So schieden wir"* – Goethe, Herder, WA I, 36, S. 256.

172 *„das Mährchen von Christus"* – Goethe vor dem 4.9.1788 an Herder, WA IV, 9, S. 18.

*173 *zahlt Goethe heimlich die Summe* – Goethes heimliche Schuldenübernahme von Herders Sohn berichtet Heinrich Voß (Vgl. Biedermann, Goethes Gespräche, Bd. 1, S. 936). Goethes Selbstlosigkeit („Wer kann der Uneigennützigkeit dieses Menschen widerstehen", sagt sein Freund Merck einmal über ihn) und nicht seltene Fürsorge für bedürftige Freunde und auch Fremde, von deren Not er erfährt, ist wenig bekannt. Trotz der Vernichtung solcher „Hinweise" in seinem langen Leben finden sich genügend fremde Quellen, die den außerordentlich liebenswürdigen und im Einzelfall oft langfristig zuverlässig agierenden Wohltäter dokumentieren. Womöglich findet sich dieser erstaunliche Charakterzug Goethes aus psychologischen Gründen bis heute selten betont: Er fordert den Betrachter nämlich in seiner eigenen (in der Regel bescheideneren) Rolle heraus (Vgl. auch Robert Weber, Goethe als Wohltäter. In: Goethe-Kalender 1927, S. 94-112).

174 *„fragwürdiger Charakter"* – Adolf Stahr, Weimar und Jena (Anm. 167), versucht in seinem Kapitel „Herder", S. 43-50, den Weimarer Generalsuperintendenten als krankhaft unzufriedenen Charakter hinzustellen.

174 *„Eine Henne, die da krähet"* – Herder am 20.9.1770 an Caroline Flachsland, Herders Briefwechsel (Anm. 14), S. 47.

174 *„Alles und darum habe ich Dich so lieb"* – Herder am 9.9.1770 an Caroline Flachsland, Herders Briefwechsel (Anm. 14), S. 30.

175 *Von einer „egoistischen Einsamkeit"* – Schiller am 29.8.1787 an Christian Gottfried Körner. In: Friedrich Schiller, Briefe I, Hg. Georg Kurscheidt, Friedrich Schiller, Werke und Briefe in 12 Bdn., Frankfurt a. Main 2002, S. 244.

175 *„mit Ihrem kleinen Busen"* – Herder am 30.8.1770 an Caroline Flachsland, Herders Briefwechsel (Anm. 14), S. 14.

176 *„Wer mich entzückt und fast verliebt gemacht hat"* – Caroline Schlegel-Schelling am 25.12.1796 an Luise Gotter. In: Begegnung mit Caroline. Briefe von Caroline Schlegel-Schelling, Hg. Sigrid Damm, Leipzig 1984, S. 195.

176 *„Was mich auch in Deinem Br. quält"* – Herder am 13.8.1788 an seine Frau. J. G. Herder, Italienische Reise, Briefe und Tagebuchaufzeichnungen 1788-1789, dtv-TB, München 1988, S. 41.

176 *„er ist glücklicher ohne Dich"* – Ebd., S. 47.

176 *„Ich habe mehr als Eine Verheirathete"* – Herder am 22.9.1770 an Caroline Flachsland, Herders Briefwechsel (Anm. 14), S. 58.

177 *Corona Schröter (1751-1802)* – Schauspielerin und Sängerin.

177 *„Die Liebe zu einer häßlichen Frau"* – Karl August Böttiger, Literarische Zustände und Zeitgenossen. Begegnungen und Gespräche im klassischen Weimar, Hg. Klaus Gerlach und René Sternke, 2. Aufl., Berlin 1998, S. 249 f.

178 *„Seine breite, pfäffische Sinnlichkeit"* – Johannes Daniel Falk im Dez. 1796 an Karl Morgenstern, Biedermann, Goethes Gespräche (Anm. 42), Bd 1, S. 656.

178 *„Denn der weise Dichter, der hier schläft"* – Herder, Das Grab des Sophokles. In: Herder, Ein Lesebuch für unsere Zeit, Berlin und Weimar 1984, S. 166.

178 *Aus der Wunde in Cranachs Altarbild* – Im so genannten Cranach-Altar der Herderkirche von 1555 hat der Maler Lucas Cranach d. Ä. (1472-1553) sich gemeinsam mit Martin Luther im Vordergrund des Bildes unter dem Kreuz Christi verewigt. Aus der Wunde Christi fließt der Blutstrahl auf den Maler.

178 *„Der Leib vergeht"* – Ludwig Bäte, Weimarer Elegie, Berlin 1961. Zu Ludwig Bäte vgl. Anm. 15.

180 *Palingenesie* – Zum komplexen Problem der Palingenesie (auch: Wiedergeburt der Seele durch Seelenwanderung) vgl. Herders Brief v. Anfang April 1769 an Moses Mendelssohn sowie sein Kapitel „Palingenesie. Vom Wiederkommen menschlicher Seelen" in den „Zerstreuten Blättern", J. G. Herder, Sämtliche Werke XVI, Hg. Bernhard Suphan, Zweite Nachdruckauflage der Ausgabe von 1887, Hildesheim - New York, S. 341 ff.

181 *„Die Wiedererweckung des gestorbenen Christus"* – Herder, Auferstehung (Anm. 101), S. 123.

181 *„Mithin verbietet es keinem denkenden Menschen"* – Ebd., S. 128.

181 *„Schön ist es, Menschenhoffnung aufzugeben"* – Ebd., S. 120.

182 *dem sechzehn Jahre älteren Fürsten Shukowskij* – Puschkin, Gedichte (Anm. 149), S. 130.

183 *„das Tagebuch der Weltverwaltung"* – Herder, Auferstehung (Anm. 101), S. 118.

Karl Koch

Ach Weimar, geliebtes Weimar

Literarische, musikalische und theologische
Spaziergänge durch die Klassikerstadt

Literaturlandschaften Taschenbuch
ISBN 978-3-926304-10-0
1. Auflage 2006, 224 S., € 8,50

Von einem „wundervollen, mächtigen Gefühl" spricht der
Schriftsteller und Wahlweimarer Louis Fürnberg 1951 bei seiner
ersten Begegnung mit der Stadt. Kein besseres Motto lässt sich
finden für die großen Spaziergänge, mit denen Karl Koch in
„Ach Weimar, geliebtes Weimar" durch die Goethe- und Schil-
lerstadt führt. Wie sehr der Autor neben seinen oft frappierenden
Begegnungen mit dem modernen Weimar den stets gegenwärtigen Toten der Klassikerstadt verbunden ist, erläutert er zu Beginn des Kapitels „Kosend spielt er mit dem Staube": „Grüße die
Vertrauten und die Fremden, deren Leben mir durch eine Geschichte, ein Bild, manchmal nur durch einen Grabstein nahe ist;
lege den Arm um die Allerliebsten, wende mich um und überlasse
sie wieder ihrer Totenarroganz, die uns ohnehin alles Weltwissen
voraus hat."

Wenn es stimmt, dass wenigstens ein Prozent der literarischen
Produktion aus Liebeserklärungen bestehen muss, damit eine
Kultur nicht zugrunde geht, dann leistet der „ungewöhnliche
Reiseführer" (*Berliner Morgenpost, 2006*) mit seinen „Gesprächen in
der Kutsche" (*Frankfurter Allgemeine Zeitung, 2007*) einen hoch-
prozentigen Kulturerhaltungsbeitrag. Dass Kochs Spaziergänge
zum Umweg, zum Seitenpfad, zum Abschweifen neigen, „so oft
sich Gelegenheit dazu bietet", erweist sich dabei als besonders
reizvoll.

Karl Koch

Verweile doch, Du bist so schön!
Weimarer Tagebuch

Literaturlandschaften Taschenbuch
ISBN 978-3-926304-13-1
Erscheint Ende 2010

Benötigt man zur „wahren Erkenntnis" tatsächlich „bloß Trümmer"? Kochs Weimar-Beobachtungen im ersten Jahrzehnt des neuen Jahrhunderts bieten auf ebenso sanfte wie herausfordernde Weise beides: Trümmer und gleichzeitig majestätische Bauwerke der Erinnerung, Beobachtung und Deutung. Mit einem besonderen Gespür für das Vergangene im Gegenwärtigen hält der Autor seine Begegnungen mit der Stadt an der Ilm fest. Nichts ist ihm dabei zu nebensächlich, um nicht als „Weltgeschichte" entlarvt werden zu müssen. Falsches Pathos, Albernheit oder gar Lokalpatriotismus sind dem Autor dennoch völlig fremd.

Ob es um die Rettung der Lutherbibel aus den Flammen der Anna Amalia Bibliothek im September 2004 geht oder um den Abriss der alten Hotelmauern in der Geleitstraße, in denen Franz Kafka bei seinem Besuch in Weimar wohnte, immer offenbart der Autor hinter dem äußeren Geschehen eine Sicht der Dinge, die staunen macht und das Große, manchmal Unheimliche in den „winzigen Möglichkeiten des Menschen" aufzeigt.

Das Beste an Kochs ungewöhnlichen Gradwanderungen zwischen Weimars Himmel und Erde, Ilmwiesen und Jakobsviertel, Historischem Friedhof und Altweimarischer Bierstube jedoch ist seine auf jeder Seite spürbare Anlehnung an Goethes beglückende Maxime „Blieb Liebhaber bis ans Ende".

Karl Koch

Einsam, über alle Wälder erhoben

Literarische, musikalische und theologische
Ausflüge zu den Goethestätten um Weimar

Literaturlandschaften Taschenbuch
ISBN 978-3-926304-12-4
Erscheint 2011

Auszug „Auf dem Kickelhahn bei Ilmenau"

Der Hüttenbewohner hatte sich vor seiner bescheidenen Behausung niedergelassen, um das grandiose Schauspiel des Sonnenuntergangs über dem Gebirgszug zu genießen. Dabei war er, wohl unter dem seligen Einfluss einer ersten Flasche Wein, eingeschlafen. Sein berühmtester Kollege aus der Meisterwerkstatt der deutschen Sprache (größer noch als er!) hatte die Szene einmal so beschrieben: „Und er kam an einen Ort, da blieb er über Nacht; denn die Sonne war untergegangen. Und er nahm einen Stein des Orts und legte ihn zu seinen Häupten und legte sich an dem Ort schlafen."

Der Bote aus Ilmenau, Braten und eine weitere Flasche Rotwein im Korb, muss ihn wecken. Weder Bote noch Empfänger ahnen, dass Deutschland in dieser Nacht auf dem schweigenden Kickelhahn bei Ilmenau ein Reichtum geschenkt wird, mit dessen Verzinsung Krupps Stahlgewinne, Bertelsmanns Medienmilliarden und Siemens' High-Tech-Rendite in den kommenden Jahrhunderten einfach nicht mithalten können. Das ganze Vermögen besteht aus vierundzwanzig Wörtern und lässt sich zunächst viele Jahre Zeit, bevor es mit Deutschlands siegreichster Armee, der Literatur, allmählich die Welt erobert.

Karl Koch

Spaziergänge über Grafschafter Friedhöfe

Sechs biographische Grabbesuche

Literaturlandschaften Taschenbuch
ISBN 978-3-926304-09-4
1. Auflage 2002, 152 S., € 6,00

„Die norddeutsche Tiefebene hat mir großen Eindruck gemacht, sie hat etwas Rasantes, die Windmühlen wie apokalyptische Fragezeichen voll Bewegung", schreibt der Schweizer Theologe Karl Barth nach einem Besuch Norddeutschlands und der alten Reichsgrafschaft Bentheim, die er lobt: „Kurzum, es lebe die Grafschaft Bentheim, sie ist wirklich einer Monographie nicht unwürdig ..." Als „Philosophen hinter dem Pflug" bezeichnet ein Berliner Politiker im 19. Jahrhundert die Bewohner des verträumten Hoheitsgebietes der Fürsten von Bentheim. Bis heute ist der Region ein Hauch jener milden calvinistischen Schwermut eigen, die sie jahrhundertelang mit dem strengen Ethos von „Beten und Arbeiten" überzog.

Der Autor besucht auf seinen „Spaziergängen" die Gräber von sechs ehemaligen Bewohnern der Region aus der jüngeren Vergangenheit: einen Abgeordneten, der es tatsächlich vom „Pflug" in den Deutschen Bundestag geschafft hat; einen Priester, der einem Kommunisten die „Rote Fahne" finanziert; eine Lyrikerin, die nach sechs Jahrzehnten den ersten Kuss von ihrer Jugendliebe bekommt; einen Häftling, den SS-Chef Heinrich Himmler persönlich bei Nacht aus dem KZ Sachsenhausen befreit; einen Dichter, der als Schulschwänzer seine Sprache findet und einen segensreichen pädagogischen Tyrannen, der seine ehemaligen Schüler auf der Sauerlandautobahn heimsucht. Die meisterhafte Verquickung von Biographie und Kulturgeschichte macht die Porträts zum Lesegenuss.